Oma bleibt für immer im Herzen

Ein Kinderbuch zum Thema

Krankheit, Sterben und Tod

AF219865

1. Auflage, 2019

Idee und Text:
© Daniela Landsberg, 2019

Herausgeber:
Daniela Landsberg
c/o Familie Moltrecht
Zum Thelenkreuz 22
53859 Niederkassel-Mondorf

Titel und Umschlaggestaltung:
Dr. med. Rolf Peter Hampel-Landsberg
Daniela Landsberg

ISBN: 9783751958714
Herstellung und Verlag: BoD- Books on Demand,
Norderstedt

Bibliografische Information der Deutschen Nationalbibliothek:
Die Deutsche Nationalbibliothek verzeichnet diese Publikation in der Deutschen Nationalbibliografie; detaillierte bibliografische Daten sind im Internet über http://dnb.d-nb.de abrufbar.

Begegnung mit Alois

„Tick Tack, Tick Tack, Tick Tack." Emma sitzt im Wartebereich des Krankenhauses und schaut auf die große, runde Uhr mit ihrem großen, roten Sekundenzeiger. Über eine halbe Stunde wartet sie nun schon hier. Eigentlich wollten sie Oma besuchen, wie jeden Samstag. Oma liegt schon lange im Krankenhaus. Mama hat beim letzten Mal gesagt, dass es Oma im Moment gar nicht gut geht und sie viel Ruhe braucht.

Ein älterer Herr mit Hut betritt den Wartebereich. „Guten Tag, junge Dame", grüßt er Emma freundlich. „Guten Tag, mein Herr", grüßt Emma ebenfalls freundlich zurück. Der ältere Herr setzt sich Emma gegenüber. „Ganz alleine hier?", fragt er sie. Emma schüttelt den Kopf: „Nein, dafür bin ich doch noch viel zu klein. Ich bin doch erst fünf." Emma hebt ihre rechte Hand nach oben und spreizt ihre Finger auseinander. „Guck, so alt

1

bin ich!", fordert sie den älteren Herrn auf. „Na, dann bist du wirklich noch zu klein, um alleine hier zu sein", bestätigt der ältere Herr Emmas Aussage. „Ja, sage ich doch." Emma schaut wieder zur Uhr, dann sagt sie: „Meine Oma hat Krebs."

„Krebs", wiederholt der ältere Herr, „das ist nicht schön."

„Nein, daran kann man sterben, hat Mama gesagt", antwortet Emma. „Das stimmt, leider", gibt der ältere Herr Emma recht. Emma überlegt: „Warum bist du denn hier? Hat deine Oma auch Krebs?", fragt sie den älteren Herrn. Er schüttelt den Kopf: „Nein, nicht meine Oma… meine Frau hat Krebs", antwortet er leise. „Und hat dich deine Mama jetzt auch hier hingesetzt?" Emma schaut den älteren Herrn mit großen Augen an. Dieser lacht und wird dann wieder ernst. „Aber nein, kleines Mädchen. Meine Eltern sind schon lange tot. Sie sind schon gestorben, da warst du noch gar nicht auf der Welt." Emma zieht die Augenbrauen nach oben: „Dann bist du ja ein Waisenkind",

2

stellt sie erschrocken fest. Der ältere Herr muss erneut lachen: „Ja, so kann man das wohl sagen. Du bist ganz schön schlau, für so ein kleines Mädchen", stellt er fest. „Meine Mama und mein Papa sagen auch immer, dass ich ganz schön schlau bin", Emma zögert einen Moment, „aber sie sagen auch, dass ich manchmal ganz schön viel rede und so zappelig bin. Deswegen nennt mich Papa manchmal Wirbelwind", ergänzt sie. „Aber sind nicht alle kleinen Mädchen in deinem Alter so wie du?", fragt Alois nach. Emma überlegt: „Ich weiß nicht. Die Kinder in meinem Kindergarten sind manchmal ein bisschen anders. Aber das macht nichts, ich spiele trotzdem mit denen", lacht Emma. „Hast du auch Kinder?", möchte Emma wissen. „Nein, leider haben meine Frau und ich keine Kinder bekommen", antwortet Alois. „Das ist bestimmt traurig, weil du dann ganz alleine bist und niemand mit dir spielt." Emma überlegt: „Wenn du möchtest, können wir mal zusammen spielen, du darfst auch auf meiner

3

Schaukel im Garten schaukeln oder auf meiner Rutsche rutschen. Du musst nur ein bisschen mit deinen großen Beinen aufpassen, damit du dir nicht wehtust." Alois lächelt.

In diesem Moment kommt Emmas Mutter zur Tür herein, grüßt den älteren Herrn und wendet sich dann an Emma. „Kommst du mit, Kleines? Du kannst jetzt zur Oma." Emma hüpft von

4

ihrem Stuhl. „Oh, prima! Geht es Oma besser?",
möchte sie von ihrer Mutter wissen. Diese
schüttelt den Kopf: „Nein, Emma, leider nicht."
Emma überlegt: „Sie wird nicht mehr gesund,
oder?" Die Mutter schüttelt erneut den Kopf:
Nein, Emma, sie wird nicht wieder gesund."
Emma schaut den älteren Herrn an: „Wie heißt du
eigentlich?", fragt sie ihn. Der ältere Herr wendet
den Blick von Emmas Mutter ab und antwortet:
„Ich heiße Alois."
„Alois", wiederholt Emma, „das ist aber ein
komischer Name, den du da hast." Emma rümpft
die Nase. Der ältere Herr lacht: „Das ist kein
komischer Name, das ist ein alter Name", versucht
er Emma zu erklären. „Na gut, dann hast du eben
einen komischen alten Namen." Emma zögert
einen Moment und fügt dann hinzu: „Aber du bist
trotzdem ganz nett."
„Danke, das Kompliment gebe ich gerne zurück."
Emma zieht die Augenbrauen zusammen und
überlegt. Dann fragt sie: „Was ist ein

Kompliment?" Der ältere Herr lächelt und antwortet: „Das ist, wenn man jemandem etwas nettes sagt."

„Dann mache ich Oma jetzt auch ein Kompliment. Vielleicht freut sie sich ja darüber?!" Der ältere Herr nickt: „Bestimmt, Emma. Die meisten Menschen freuen sich über Komplimente."

„Dann musst du deiner Frau aber auch ein Kompliment machen, damit sie sich auch freut, ok?!"

„Ja, das mache ich." Emma lächelt: „Das ist schön."

Sie geht zur Tür, dreht sich noch einmal um und winkt. „Mach es gut, Alois." Der ältere Herr winkt zurück und antwortet: „Du auch, kleine Emma." Seufzend bleibt der ältere Herr zurück. „Ein kleines Enkelchen, das hätte Erna gefreut", sagt er leise vor sich hin. „Erna…"

Auf dem Krankenhausflur

Aufgeregt läuft Emma über den Flur. Sie freut sich sehr, ihre Oma wiederzusehen. Durfte sie ihre Oma doch die letzten drei Mal nicht besuchen, weil sie zu schwach war. Emma überlegt: „Wenn Oma die letzten drei Mal zu schwach für Besuch war, es ihr aber heute noch schlechter geht, warum darf ich Oma dann heute sehen?" Gerade als sie ihrer Mutter die Frage stellen möchte, fängt diese an: „Emma, wenn wir jetzt zu Oma ins Zimmer gehen, dann wird Oma etwas anders aussehen, als du es gewohnt bist." Emmas Mutter überlegt, wie sie ihre Tochter auf den Anblick vorbereiten kann. War es wirklich die richtige Entscheidung, Emma mit ins Krankenhaus zu nehmen? Sollte sie ihre Oma nicht lieber so in Erinnerung behalten, wie sie sie kannte? Emma bemerkt das Zögern ihrer Mutter. Vorsichtig fragt sie: „Hat Oma die Haare geschnitten?" Emmas Mutter schüttelt den Kopf. „Hat sie vielleicht eine neue Brille?", versucht es

7

Emma weiter. Abermals schüttelt Emmas Mutter den Kopf. Emma überlegt ganz angestrengt nach. Dann fällt es ihr ein: „Papa hat doch mal eine Dokumation gesehen, da hatte doch auch eine Frau Krebs. Die hatte keine Haare mehr." Emma hält kurz inne, fährt dann aber fort: „Hat Oma auch keine Haare mehr?"

„Doch Emma, Oma hat ihre Haare noch. Die Frau in der Dokumentation hat eine Chemotherapie bekommen, deswegen sind sie ihr die Haare ausgefallen."

„Hat Oma keine Chemo… Chemooorapie bekommen?", möchte Emma wissen. Die Mutter schüttelt den Kopf: „Nein, Emma, Oma hat einen ganz bösen Krebs, den kann man nicht heilen. Außerdem ist Oma…" Emmas Mutter zögert…

„Oma ist schon ein bisschen älter, sie möchte keine Chemotherapie haben." Emma stemmt ihre kleinen Hände in die Hüften: „Oma ist noch gar nicht alt!", schimpft sie. „Ok, nicht so alt. Dennoch möchte sie keine Chemotherapie

8

machen, weil sie nicht leiden möchte. Außerdem ist der Krebs schon sehr weit fortgeschritten", versucht Emmas Mutter zu erklären. Emma strahlt: „Aber das ist doch gut. Wenn der Krebs schon weit fortgeschritten ist, heißt das, dass er bald ganz weg gegangen ist." Die Mutter überlegt: „Nein, Emma, so ist das nicht gemeint."

„Ja wie ist es denn dann gemeint?", fragt Emma ungeduldig nach. „Emma, wenn der Krebs schon weit fortgeschritten ist, heißt das nicht, dass er weg geht…"

„Sondern?", unterbricht Emma ihre Mutter. „Das heißt einfach, dass der Krebs schon so viel geworden ist, dass man ihn nicht mehr weg bekommt. Man kann ihn also nicht mehr heilen", versucht Emmas Mutter ihrer Tochter zu erklären. „Aber du hast doch eben gesagt, dass Oma keine Chemorapie haben möchte, weil Oma zu alt ist?! Dann kann man Oma also noch heilen, sie muss nur die Chemorapie machen und dann geht der Krebs weg", stellt Emma energisch fest. Die

Mutter seufzt: „Emma, die Chemotherapie… das ist ein ganz starkes Medikament, welches durch Omas Körper laufen würde. Oma fühlt sich so schwach, dass sie das nicht möchte." Die Mutter zögert, setzt dann aber fort: „Zudem ist der Krebs, wie ich dir schon erklärt habe, sehr weit fortgeschritten, dass die Ärzte davon ausgehen, dass Oma nicht wieder gesund werden würde. Und dann kommt noch Omas Alter hinzu. Das alles spielt also eine Rolle, weswegen Oma sich gegen eine Chemotherapie entschieden hat. Kannst du das verstehen?" Emmas Mutter schaut ihre Tochter traurig an. Wie gerne würde sie ihrer Tochter das alles ersparen. Wieder drängt sich ihr der Gedanke auf, ob es die richtige Entscheidung war, Emma mit ins Krankenhaus zu nehmen. Tagelang hat sie darüber nachgedacht. Sich vorgestellt, wie Emma beim Anblick ihrer Oma regieren würde. Wie, wenn ihre Oma plötzlich nicht mehr da wäre und sie kein Abschied hätte nehmen können. „Ich finde immer noch nicht, dass Oma alt ist und deswegen kann sie das schaffen", unterbricht Emma ihre Gedanken. „Oma schafft immer alles. Ich werde ihr jetzt sagen, dass sie eine Chemorapie machen soll, damit sie wieder gesund wird!" Emmas Mutter seufzt. Sie weiß ganz genau, dass wenn sich ihre Tochter etwas in den Kopf gesetzt hat, sie alles versucht, um ihr Ziel zu erreichen. *„In diesem Fall wird es leider nicht möglich sein!"*, denkt sie. „Außerdem, was heißt hier ‚ganz böser Krebs'? Wenn jemand böse ist, bekommt er geschimpft und dann muss er sich entschuldigen. Wenn ihr das nicht macht, werde ich mit dem Krebs schimpfen und dann entschuldigt der sich auch und geht wieder weg." Emma ist fest entschlossen, den Krebs ihrer Oma zu vertreiben.

Vor der Zimmertür dreht sie sich noch einmal zu ihrer Mutter um: „So, und damit das klar ist, wenn Omas Krebs sich entschuldigt hat und weggegangen ist, werde ich auch mit dem Krebs

11

von Alois Frau schimpfen!" Ohne eine Antwort abzuwarten, klopft sie an die Türe und öffnet diese. Zielstrebig betritt sie das Zimmer.

Im Krankenzimmer

Nach den ersten drei Schritten zögert sie jedoch einen Moment. Sie atmet tief durch. „Ganz ruhig bleiben, Emma. Das ist nur die Oma mit dem bösen Krebs", versucht sie sich Mut zu machen. „Oma!", bringt sie tapfer hervor. „Emma, mein kleiner Engel! Lass dich ansehen, mein Kind!" Kraftlos schiebt Emmas Oma ihre Hand an den Bettrand. Vorsichtig geht Emma auf ihre Oma zu. Am Bett angekommen, überlegt sie, ob sie ihrer Oma einen Kuss auf die Wange geben soll, wie sie es sonst immer macht. Die Oma sieht Emmas Zögern und so berührt sie nur ihre Hand. „Ist gut, mein Kleines! Ich weiß, dass ich nicht mehr hübsch aussehe." Emma schüttelt den Kopf: „Nein, das ist es nicht." Emma überlegt, was sie bloß sagen soll. Ihre sonst so starke und leicht kräftig gebaute Oma liegt vor ihr, blass und dünn, in der Nase ein Schlauch, am Körper ganz viele Kabel. Emma schaut zur blubbernden Flasche

13

über Omas Kopf. Dann zu den Monitoren links neben dem Bett. „Ich habe dir ein Geschenk mitgebracht." Emma überreicht ihrer Oma einen roten Schal. „Mama sagt immer, dass du so frierst. Damit ist dir bestimmt nicht mehr so kalt."

Die Oma lächelt: „Das ist sehr lieb von dir, Kleines."

Emma schaut wieder zur blubbernden Flasche. „Warum hast du einen Schlauch in der Nase, Oma?" traut sie sich zu fragen. „Das ist Sauerstoff, Emma. Weißt du, ich bekomme nicht mehr so gut Luft." Emma zieht ihre linke Augenbraue nach oben: „Aber Oma, der Schlauch ist doch viel zu dünn. Kein Wunder, dass du zu wenig Luft bekommst. Du musst den Schlauch aus der Nase ziehen und dann so atmen, guck!" Emma atmet dreimal laut tief ein und aus, dabei zieht sie ihre Schultern nach oben. „So geht das. Und dann bekommt man auch ganz viel Luft." Die Oma schmunzelt: „Ach Emma, weißt du, ich habe gar keine Kraft mehr zum selber Atmen." Emma

14

überlegt, warum braucht man denn Kraft zum Atmen? „Das verstehe ich nicht. Ich bin doch noch viel kleiner als du und habe nicht so viel Kraft wie Mama und Papa und du, aber ich kann doch trotzdem atmen", sagt Emma irritiert. „Weißt du, Emma", versucht es ihre Mutter zu erklären, „du kannst es dir so vorstellen, als ob du eine ganz dolle Erkältung hättest. Da bekommst du doch auch schlechter Luft und alles ist zu anstrengend." Emma überlegt: „Das heißt also, dass der böse Krebs Schnupfen macht und deswegen die Nase zu ist. Und damit Oma besser atmen kann, hat sie einen Schlauch in der Nase, der durch den Schnupfen durchgeht. Und der ist deswegen da, weil Nasentropfen ekelig sind, richtig?" Verzweifelt schaut die Mutter Emma an: „Nein, Emma, so ist es nicht." Emma stemmt ihre Hände in die Hüften: „Ja, aber wie ist es dann?", will sie wissen. „Ach, Emma, ich kann es dir gar nicht wirklich erklären." Emma schaut zwischen ihrer Mutter, ihrer Oma und dem Schlauch hin

15

und her. „Warum kannst du das denn nicht erklären? Du bist doch schon groß. Große Menschen wissen immer alles und die können auch alles", stellt Emma trotzig fest. Die Mutter schüttelt den Kopf: „Nein, Emma, große Menschen wissen nicht alles und sie können auch nicht alles."

„Aber große Menschen können den bösen Krebs heilen, richtig?!", möchte Emma wissen. „Manchmal können sie das, manchmal aber auch nicht", antwortet die Mutter. „Wenn ich mal groß bin, dann kann ich den Krebs heilen", sagt Emma voller Überzeugung. In diesem Moment beginnt der Monitor neben dem Bett an, laut zu piepsen. Emma erschrickt. „Oma, warum piepst das so laut?", möchte sie wissen. „Da passiert, Kleines, wenn die Herzfrequenz oder der Blutdruck zu weit runter geht", antwortet die Oma. „Herzfrequenz… was ist das?", möchte Emma wissen. „Du weißt doch, dass alle Menschen ein Herz haben, Emma…" Emma hebt ihren rechten

16

Zeigefinger: „Und Tiere auch", unterbricht sie ihre Mutter. „Ja, Tiere auch. Jedenfalls schlägt das Herz unterschiedlich schnell, je nachdem, was du machst. Wenn du einfach nur still sitzt, schlägt es langsamer, als wenn du zum Beispiel rennst. Und wenn du schläfst, schlägt es auch wieder anders", versucht die Mutter zu erklären. „Und hat Omas Herz jetzt auch geschlafen", möchte Emma wissen. „Nein, Emma, Omas Herz hat nicht geschlafen. Ein Herz kann nicht schlafen." Emma reißt die Augen auf: „Ui... ist denn ein Herz nie müde?", fragt sie erstaunt nach. Die Mutter lächelt: „Nein, Emma, ein Herz ist nie müde. Wenn ein Herz mal nicht mehr kann, dann bleibt es einfach stehen, es schläft also nicht", versucht sie zu erklären. „Warum ist denn ein Herz nie müde und warum muss ein Herz nie schlafen? Muss ein Herz denn etwas essen und trinken? Wie macht es das, wenn es nie stehen bleibt? Ich soll mich beim Essen und Trinken immer hinsetzen.

Hat das Herz keine Mama oder keinen Papa, der ihm sagt, dass es sich hinsetzen soll…?"

„Ach, Emma", unterbricht ihre Mutter, „ich kann dir das gar nicht richtig erklären", sagt sie erneut. Emma stemmt abermals ihre kleinen Hände in die Hüften: „Na gut, dann suche ich mir jetzt jemanden, der mir das richtig erklären kann." Entschlossen geht sie zur Tür und ist auch schon auf dem Flur, noch ehe die Mutter etwas sagen kann. „Emma, bleib da!", ruft sie noch hinterher, aber Emma ist schon weg.

Im Arztzimmer

Auf dem Flur blickt Emma nach links und rechts, mit ihrer rechten Hand kratzt sie sich am Kopf: „Als Mama und ich in Omas Zimmer gegangen sind, waren Ärzte in einem Zimmer. Wir sind von da gekommen", Emma zeigt mit ihrem rechten Zeigefinger Richtung Ausgang, „also müssen die Ärzte in diese Richtung sein", sagt sie leise vor sich hin. Zielstrebig geht Emma den Flur entlang und schaut durch die offenen Türen auf der linken Seite. Plötzlich steht eine Ärztin vor ihr und spricht sie an: „Suchst du etwas, junge Dame?" Erschrocken bleibt Emma stehen. „Ja, ich suche den Arzt von meiner Oma. Bist du Omas Arzt?", möchte Emma wissen. Die Ärztin lacht: „Das ist möglich, wenn deine Oma hier auf der Station liegt. Wie heißt deine Oma denn?", fragt sie Emma. „Meine Oma heißt Charlotte Katharina Neuberger und ich bin Emma Katharina Neuberger und meine Oma hat den bösen Krebs und hat nicht so viel Kraft zu Atmen und jetzt möchte ich, dass der böse Krebs weg geht", antwortet Emma. „Und wenn du schon dabei bist, kannst du den von Alois Frau auch wegmachen, ok?!", fügt sie hinzu. Die Ärztin schaut Emma an: „Wer ist Alois?"

„Alois ist doch der Mann aus dem Wartezimmer, mit dem komischen Namen. Siehst du, ich habe ihm gesagt, dass er einen komischen Namen hat. Aber er ist trotzdem ganz nett. Jedenfalls hat seine Frau auch Krebs. Und der ist bestimmt auch ganz böse, wie bei meiner Oma, weil der Alois sah ganz schön traurig aus. Und man ist nicht einfach so traurig, weißt du?!"

„Emma, da bist du ja. Du kannst doch nicht einfach so fortlaufen. Entschuldigen Sie bitte Frau Doktor, meine Tochter ist einfach aus dem Zimmer gelaufen, weil sie jemanden suchen wollte, der ihr ihre ganzen Fragen beantworten kann", versucht Emmas Mutter zu erklären. Die

22

Ärztin lächelt: „So, du hast also ganz viele Fragen", wendet sie sich an Emma. „Ja, ganz viele, aber Mama kann mir das nicht richtig erklären, hat sie gesagt", Emma zieht einen Schmollmund. „Na, wenn du möchtest, kann ich dir deine Fragen vielleicht beantworten?!", versucht die Ärztin sie zu trösten. „Oh ja, prima, das ist toll", freut sich Emma. „Aber Frau Doktor…"

„Wegemann ist mein Name."

„Neuberger, angenehm", Emmas Mutter hält der Ärztin die Hand hin. „Entschuldigen Sie bitte die Störung. Wir wollen Sie auch jetzt nicht weiter aufhalten", sagt die Mutter. „Schon gut, Sie stören nicht." Die Ärztin wendet sich erneut an Emma: „Wenn du möchtest und deine Mama es erlaubt, darfst du mich alles fragen, was du wissen möchtest." Emma schaut ihre Mutter an. „Meinen Sie wirklich?", fragt die Mutter die Ärztin. „Natürlich!", die Ärztin lächelt. „Und meine Tochter hält sie auch bestimmt nicht auf?"

„Bestimmt nicht", antwortet die Ärztin.

23

„Na gut, Sie wissen aber schon, dass kleine fünfjährige Mädchen einem Löcher in den Bauch fragen können?" Die Ärztin lacht: „Das ist kein Problem, wir haben super Allgemein- und Unfallchirurgen in der Klinik, die bekommen das wieder hin." Jetzt muss die Mutter auch lachen, nur Emma versteht nicht so ganz, worüber die Erwachsenen da reden, aber das macht auch nichts, sie freut sich nämlich sehr, endlich jemanden gefunden zu haben, der all ihre Fragen beantworten kann. „Wenn Sie möchten, kann Emma mit ins Arztzimmer und wenn wir fertig sind, bringe ich Sie wieder zu Ihnen."

„Und das ist wirklich in Ordnung?", vergewissert sich die Mutter erneut. „Ja, das ist wirklich in Ordnung", bestätigt die Ärztin. Die Mutter schaut Emma an: „Also gut, du darfst bei Frau Doktor Wegemann bleiben, aber nur, solange sie Zeit hat. Und du bist lieb zu ihr, ok?!"

„Ok!", Emma zappelt vor lauter Aufregung ungeduldig hin und her. „Dann bis nachher",

24

verabschiedet sich die Mutter. „Bis nachher", antworten Emma und die Ärztin gleichzeitig. Sie schauen der Mutter noch kurz hinterher und gehen dann ins Arztzimmer.

„Möchtest du dich vielleicht setzen?", fragt die Ärztin Emma. „Ja, gerne. Du bist also die Ärztin von meiner Oma." Emma zögert kurz bis sie sich richtig hingesetzt hat. „Kannst du Oma wieder gesund machen?", setzt sie dann fort. Die Ärztin überlegt kurz, wie sie Emma beibringen soll, dass sie nichts mehr für ihre Oma tun kann, außer ihr die Schmerzen zu nehmen bzw. zu lindern. „Du kannst sie nicht wieder gesund machen, stimmt's", unterbricht Emma ihre Gedanken. „Wie kommst du denn darauf? Ich habe doch noch gar nichts geantwortet", möchte die Ärztin wissen. „Wenn du Oma wieder gesund machen könntest, hättest du eben ‚ja' sagen müssen. Du hast aber nichts gesagt und deswegen kannst du Oma nicht mehr helfen", antwortet Emma enttäuscht. „Du bist ein sehr schlaues Mädchen", stellt die Ärztin fest. „Das sagt meine Mama auch immer und Alois hat das auch gesagt."

„Alois… das ist der Mann aus dem Wartezimmer, richtig?!", vergewissert sich die Ärztin. „Ja, das stimmt", bestätigt Emma. „Emma, weißt du, was deine Oma genau hat?", möchte die Ärztin wissen. Emma schaut ganz erstaunt: „Ja, ich weiß das, du etwa nicht?" Die Ärztin lacht: „Doch, Emma, ich weiß es, ich wollte nur wissen, ob du das auch weißt, damit ich dir erklären kann, warum wir deiner Oma leider nicht mehr helfen können."

„Ach so, meine Oma hat Bauchkrebs und der ist ganz schön böse", erzählt Emma. „Ja, das ist richtig, der Krebs hat im Bauch angefangen, genauer gesagt im Dickdarm", versucht die Ärztin zu erklären. Emma hört ganz gespannt zu. „Wie ist der denn da rein gekommen?", möchte sie wissen. „Weißt du, manchmal wachsen im Darm Polypen…"

26

„Wo ist der Darm und was sind Poly… Polydings?", unterbricht Emma die Ärztin. „Polypen sind so eine Art Ausstülpung in den Darm. Manchmal sehen sie so aus wie kleine Kraken oder Tintenfische." Die Ärztin nimmt ein Blatt vom Tisch und zeichnet Emma mehrere Polypen auf. „Schau, so sehen sie aus", sagt sie und legt Emma das Blatt hin. „Eigentlich sehen die aber ganz lustig aus", stellt Emma fest. „Ja, das stimmt, lustig sehen sie schon aus", bestätigt die Ärztin, „aber wenn man sie nicht entfernt, können sie ganz schön böse werden", ergänzt sie. „Hm, und wo ist jetzt der Darm?", fragt Emma noch einmal nach. Der Darm ist in deinem Bauch", antwortet die Ärztin. „Und wie sieht der aus", möchte Emma genauer wissen. „Komm mal mit zur Wand, da hängt eine Lehrtafel über die Bauchorgane." Emma schaut auf die Abbildung, die ihr die Ärztin zeigt. „Das sieht aber komisch aus", sagt sie irritiert. „Das ist der Darm?", fragt sie. Die Ärztin zeigt auf die Mitte des Bildes.

27

„Auch, schau, das ist der Dünndarm und um den Dünndarm drum herum ist der Dickdarm. Und hier im Dickdarm wachsen die Polypen", erklärt die Ärztin. „Hm, haben denn alle Menschen diese Polydings?", möchte Emma wissen. „Nein, Emma, nicht alle, aber je älter Menschen werden, umso häufiger kommt das vor. Die Polypen sind in den meisten Fällen am Anfang noch ganz harmlos. Sie wachsen einfach und sind dann erst einmal da. Wenn man sie durch Untersuchungen früh erkennt, kann man diese entfernen und dann ist meistens alles wieder gut."

„Und sind die Polydings dann auch schon Krebs?", unterbricht Emma die Ärztin. „Nein, am Anfang nicht, sie werden erst dazu. Wie lange das dauert, ist ganz unterschiedlich. Bei manchen geht es ganz schnell, bei den anderen dauert es etwas länger", erklärt die Ärztin weiter. „Dann hatte Oma also so ein Polydings und der ist dann zum bösen Bauchkrebs geworden?", versucht Emma zu verstehen. „Genau so war es", bestätigt die

Ärztin. „Wo kommt denn der Polydings her und wieso wird der denn zum bösen Bauchkrebs? Kann man nicht irgendetwas machen, damit die beiden nicht kommen?", möchte Emma wissen. „Also, pass auf, unser Körper besteht aus ganz vielen Zellen, die regelmäßig neu gebildet werden. Je nachdem, wo die Zellen sind und um welche Zellen es sich handelt, passiert dies unterschiedlich schnell. So brauchen zum Beispiel die Haut, die Schleimhaut im Magen und die Blutplättchen nur ein paar Tage bis Wochen bis sie sich neu gebildet haben, wohingegen die Leber ungefähr zwei Jahre braucht, um sich neu zu bilden, das Skelett, also der Knochenbau, ungefähr zehn Jahre und die Muskulatur der Rippen braucht sogar 15 Jahre, bis sie neu gebildet ist." Emma überlegt: „Heißt das, dass ich dann irgendwann wieder ganz neu gemacht bin?" Die Ärztin lacht: „Hm, so ähnlich kann man das wohl sagen."

„Sehe ich dann auch irgendwann ganz anders aus?", möchte Emma wissen. „Nein, so ist es nicht." Die Ärztin überlegt, wie sie Emma den Vorgang im Körper kindgerecht erklären kann. „Also, pass auf, du hast dir doch bestimmt schon einmal weh getan, oder?!"

„Ja, schon ein paar Mal", bestätigt Emma. „Das letzte Mal bin ich am Bach über einen Ast gestolpert, da habe ich mir ganz doll wehgetan. Da hat sogar mein Knie geblutet und das Blut kam durch meine Hose durch", erzählt Emma. „Ja, das hat sicher sehr wehgetan. Weißt du denn noch, was danach passiert ist, als es aufgehört hat, zu bluten?" Emma nickt: „Ja, da kam eine Kruste, wo das geblutet hat. Mama hat gesagt, dass ich die nicht abmachen soll, aber ich wollte die weg haben, also habe ich nicht gehört und die abgekratzt. Da hat es wieder geblutet."

„Na, das soll man wirklich nicht machen." Die Ärztin zwinkert: „Aber weißt du, Erwachsene machen das auch." Emma schaut erstaunt: „Wirklich???", möchte sie wissen.

„Ja, wirklich", bestätigt die Ärztin. „Aber warum soll man das denn nicht machen?", möchte Emma wissen.

„Zum einen können da böse Keime reinkommen und zum anderen können dadurch Narben entstehen. Aber je nachdem wie man sich verletzt hat, entstehen ohnehin Narben", gibt die Ärztin mit einem Zwinkern zu. „Jedenfalls bildet sich also eine Kruste. Und wenn die dann abgefallen ist, oder man sie abgekratzt hat, was passiert danach?", möchte die Ärztin von Emma wissen.

„Danach ist alles wieder gut", erklärt Emma.

„Genau, die Zellen haben sich geteilt und du hast wieder eine schöne, gesunde Haut auf deinem Knie." Emma fragt erstaunt: „So geht das also?!"

„Genau so geht das", bestätigt die Ärztin. „Kannst du mir sagen, ob dein Knie jetzt anders aussieht, als vorher?", fragt die Ärztin weiter. Emma schüttelt den Kopf: „Nein, mein Knie sieht aus wie immer."

„Das ist auch gut so, so soll das nämlich sein." Die Ärztin überlegt: „Weißt du, worauf ich damit hinaus möchte?" Emma denkt angestrengt nach: „Die Zellen wachsen immer wieder neu, auch wenn man sich weh getan hat. Die kommen dann einfach wieder…" Emma denkt noch fester nach: „Wenn die neu gekommen sind und mein Knie so aussieht wie immer…", Emma beginnt zu strahlen, „dann sehe ich irgendwann auch nicht anders aus, wenn alle Zellen neu gekommen sind."

„Klasse, genau darauf wollte ich hinaus! Du bist wirklich ganz schön schlau dafür, dass du noch so ein kleines Mädchen bist", sagt die Ärztin beeindruckt. Emma lacht vor Freude über ihre Leistung, dann wird sie wieder ernst. „Heißt das, dass der Polydings und der böse Krebs auch Zellen sind?", möchte sie wissen. „Ja, Emma so ist es. Im Körper wachsen also ständig neue Zellen. Im Normalfall passiert dies ganz friedlich.

32

Manchmal gibt es dann aber Zellen, die zu schnell wachsen, oder die sich so verändern, dass sie böse sind", versucht die Ärztin Emma zu erklären. „Und das ist dann der böse Krebs?", fragt Emma traurig. „Ja, das ist dann der böse Krebs", bestätigt die Ärztin in kindgerechter Weise. Nach einem Moment des Schweigens fragt Emma: „Wie werden die Zellen denn böse?" Die Ärztin seufzt: „Das passiert auf ganz unterschiedliche Art und Weise. Letztendlich geht aber etwas in den Zellen kaputt, wenn sie neu gebildet werden."

„Kann ich auch Krebs bekommen?", möchte Emma wissen. Die Ärztin schluckt. Wie soll sie Emma jetzt erklären, dass theoretisch jeder Krebs bekommen kann, ohne ihr Angst zu machen. Emma bemerkt, dass die Ärztin nicht weiß, was sie sagen soll. „Ich kann also auch Krebs bekommen", sagt Emma leise. „Weißt du, Emma, jeder kann theoretisch Krebs bekommen", gibt die Ärztin ehrlich zu. „Die Wahrscheinlichkeit ist allerdings viel geringer, als die, dass du noch ganz oft über einen Ast stolperst. Und ganz ehrlich… du bist noch viel zu jung, um Krebs zu bekommen. Schau mal, wie alt deine Oma ist und schau mal, wie alt du bist."

„Ja, meine Oma ist älter als ich, das stimmt", bestätigt Emma. „Und Alois seine Frau auch", fügt sie hinzu. „Na siehst du", versucht die Ärztin Emma aufzumuntern. Emma überlegt: „Darf ich dir noch eine Frage stellen?"

„Natürlich darfst du das! Was möchtest du noch wissen?", ermuntert die Ärztin Emma zum Fragen. „Meine Oma möchte keine Chemorapie machen und die sagen mir nicht warum." Die Ärztin lächelt: „Du meinst eine Chemotherapie. Weißt du, das ist ein ganz starkes Medikament, welches durch den Körper läuft. Die Patienten, die das bekommen, werden dadurch sehr schwach…"

„Und sie verlieren ihre Haare", unterbricht Emma die Ärztin. „Ja, genau, sie verlieren dadurch ihre Haare", bestätigt sie. Jedenfalls gibt es Patienten, die schon so schwach sind, dass sie die

Behandlung gar nicht mehr möchten. Meistens sind es Patienten, bei denen der Krebs schon sehr weit fortgeschritten ist und wo eine Behandlung wenig Aussicht auf Erfolg hätte", versucht die Ärztin zu erklären. „Was heißt „weit fortgeschritten"?", möchte Emma wissen. „Das heißt, dass der Krebs schon sehr groß ist und in der Regel auch schon an andere Stellen gegangen ist."

„Ist der Krebs bei Oma auch schon an andere Stellen gegangen?" Die Ärztin nickt: „Ja, Emma, ist er."

„Und wo ist er schon hingegangen?", möchte Emma wissen. Die Ärztin überlegt kurz, ob sie Emma die Wahrheit sagen darf.

In diesem Moment klopft es an der Tür. „Ja, bitte?", sagt Frau Doktor Wegemann Richtung Tür. Emmas Mutter schaut herein. „Entschuldigen Sie bitte, Frau Doktor ich wollte nur nach Emma schauen."

35

„Hallo, Mama! Mir geht es gut und es macht ganz viel Spaß bei der Ärztin." Emma lacht. „Na, da hast du aber auch jemanden gefunden, der dir ganz lange zuhört, du kleine Quatschliese." Emmas Mutter lacht ebenfalls. „Ich bin keine Quatschliese", sagt Emma bockig und verschränkt dabei ihre Arme vor dem Brustkorb. „Emma hat mich gerade gefragt, wohin der Krebs schon gestreut hat. Ich war mir aber nicht sicher, wie ich ihr aufgrund der Schweigepflicht die Frage beantworten soll", wendet sich die Ärztin an Emmas Mutter. „Verstehe!" Die Mutter wendet sich an Emma. „Emma, der Krebs bei Oma ist schon in der Leber und in der Lunge. Sie…"

„Nein, du sollst mir das nicht sagen. Die Ärztin soll mir das erklären", Emma hält sich die Ohren zu. „Emma, Frau Doktor Wegemann muss jetzt aber auch mal weiterarbeiten. Du kannst sie nicht die ganze Zeit aufhalten, weißt du?!" Emma fängt an zu weinen: „Wir sind aber noch gar nicht fertig. Du sollst wieder zur Oma gehen." Mitleidig schaut

36

die Ärztin Emma an und wendet sich dann an die Mutter: „Es ist gerade Angehörigensprechstunde. Emma ist ja eine Angehörige", lächelt sie. „Ja, aber müssen sie nicht noch mit anderen Angehörigen reden?" Die Ärztin schüttelt den Kopf: „Nein, bisher hat sich niemand bei mir gemeldet", antwortet sie. „Also gut, Emma, du kannst noch bleiben." Immer noch traurig und etwas wütend zieht Emma nur einen Schmollmund, ohne ihrer Mutter zu antworten. „Ich bringe sie nachher auf das Zimmer, wenn wir fertig sind" versucht die Ärztin die Situation zu lösen. „Danke!" Die Mutter wendet sich zur Tür und geht hinaus. Sobald die Mutter die Tür hinter sich geschlossen hat, fährt Emma fort: „Ist die Lunge dafür da, dass man Luft bekommt?", möchte sie wissen. „Ja, so ähnlich", bestätigt die Ärztin. „Wir atmen die Luft ein, diese geht in die Lungen, die Lungen nehmen den Sauerstoff auf und geben diesen ins Blut ab. Gleichzeitig geben sie das, was wir beim Ausatmen verbrauchen, das heißt Kohlendioxid, wieder ab." Emma überlegt: „In Omas Blubberflasche ist Sauerstoff."

„Ja, das stimmt. Deine Oma braucht den Sauerstoff, weil sie durch den Krebs nicht mehr ausreichend atmen kann."

„Kann man das Atmen in der Lunge hören?", möchte Emma wissen. Die Ärztin nickt: „Ja, man kann das Atmen hören." Sie überlegt: „Du bist doch schon mal beim Kinderarzt gewesen, oder?!" Emma nickt: „Ja, aber der ist ganz böse!" Die Ärztin guckt erschrocken. „Warum ist der denn ganz böse?", fragt sie nach. „Na, weil der mich immer piekst." Die Ärztin lacht: „Ja, das gehört leider manchmal dazu", sagt sie. Sie holt das Stethoskop aus ihrer Kitteltasche und setzt sich wieder auf den Stuhl. „Bist du damit schon einmal abgehört worden?" Emma lacht: „Ja, das kenne ich. Damit kann man das Herz hören", sagt sie. „Stimmt. Hast du dein Herz schon einmal gehört?", möchte die Ärztin wissen. Emma schüttelt den Kopf: „Nein, das habe ich noch nicht", antwortet sie. „Wenn du möchtest, darfst du das damit jetzt mal machen."

„Oh ja, bitte", freut sich Emma. Die Ärztin steckt sich die Ohroliven in die Ohren und legt das Bruststück auf Emmas Brustkorb.

„Ein gesundes kräftiges Herz, wie es sein soll", sagt sie und überreicht Emma die Ohrbügel. Vorsichtig steckt sich Emma die Ohroliven in die Ohren. Erstaunt schaut sie die Ärztin an. „Ui… so hört sich das an?!" Die Ärztin lacht: „Ja, so hört sich das an", bestätigt sie. Gleichzeitig ist sie etwas gerührt, über Emmas Reaktion, ist für sie das Schlagen des Herzens doch ein selbstverständliches Geräusch, für Emma ist es aber etwas ganz Neues. „Und wo kann ich jetzt meine Luft hören", unterbricht Emma ihre Gedanken. „Dazu müssen wir das Bruststück auf deinen Rücken halten", sagt sie und legt das Bruststück zwischen Emmas linkes Schulterblatt und die Wirbelsäule. „Jetzt musst du mal ganz tief durch den Mund ein- und ausatmen", fordert sie

39

Emma auf. Emma atmet so kräftig ein und aus, dass ihre Schultern ein paar Zentimeter nach oben gehen und sich anschließend wieder absenken. „Hörst du etwas?", möchte die Ärztin wissen. „Das hört sich an, wie der Wind, der abends manchmal an meinem Fenster ist", antworte Emma. Die Ärztin lacht erneut: „Das ist eine schöne Bezeichnung. So hört sich das an, wenn die Lunge gesund ist."

„Kannst du auch mal hören, bitte?", fragt Emma und überreicht der Ärztin die Ohrbügel. „Natürlich! Atme noch einmal schön tief ein und aus!", bittet die Ärztin Emma. Nach sechs Atemzügen schaut sie Emma an und sagt: „Alles in bester Ordnung, junge Dame." Emma lächelt: „Das freut mich." Nach einem kurzen Zögern fragt sie: „Darf ich dein Herz auch mal hören?" Aber natürlich. Die Ärztin überreicht Emma erneut die Ohrbügel und legt sich das Bruststück innen über ihren linken Brustansatz. „Oh… das ist ja viel langsamer als bei mir", stellt Emma fest.

40

„Das stimmt, bei dir schlägt es ungefähr 95 bis 100 Mal pro Minute. Bei mir sind es zwischen 60 und 80 Schlägen pro Minute.

„Ist das schlimm, dass das bei dir langsamer ist?", möchte Emma wissen. Die Ärztin lächelt: „Nein, Emma, das ist vollkommen normal. Das hat mit der Körperoberfläche zu tun. Je kleiner der Körper ist, umso mehr muss das Herz arbeiten, damit der Körper mit ausreichend Blut und Sauerstoff versorgt ist", versucht sie zu erklären.

„Das ist aber ganz schön kompliziert, finde ich." Die Ärztin nickt bestätigend. „Ich glaube, ich muss jetzt wieder zu meiner Mama gehen, sonst sucht sie mich gleich wieder", stellt Emma fest.

„Ist gut, ich bringe dich zu ihr hin. Es hat Spaß gemacht mit dir, Emma", sagt die Ärztin zu ihr.

„Ich fand es auch sehr schön und danke, dass du mir so viel erklärt und gezeigt hast", bedankt sich Emma. „Das habe ich gerne gemacht." Gemeinsam verlassen sie das Arztzimmer und gehen den Flur entlang, Richtung Patientenzimmer.

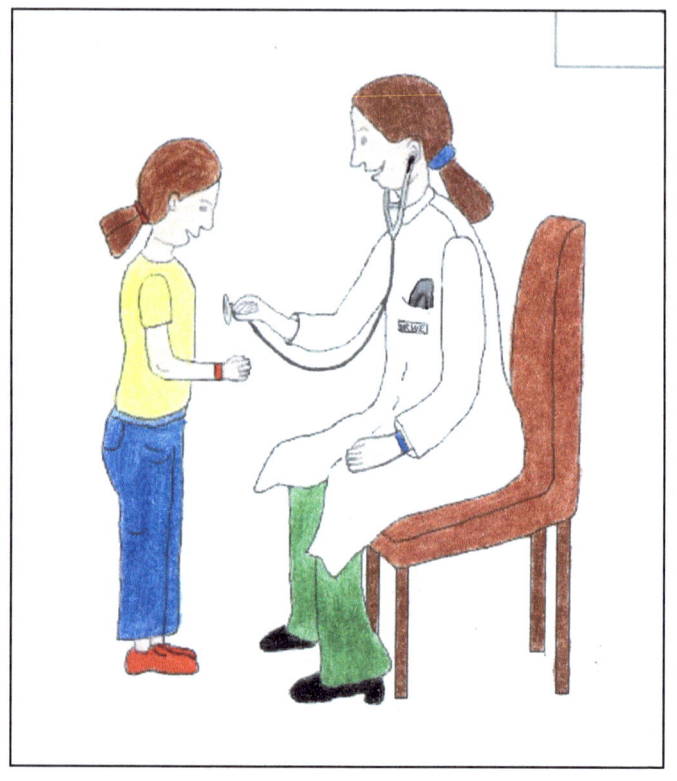

Emmas Schritte werden langsamer. Die Ärztin bemerkt Emmas Zögern und schaut sie an: „Geht es dir gut?", fragt sie besorgt nach. Emma nickt: „Mir schon, aber Oma nicht." Emma überlegt: „Muss Oma wirklich sterben?", möchte sie wissen.

42

Die Ärztin seufzt leise und geht in die Hocke, um Emma in die Augen schauen zu können. „Leider ja, Kleines", sagt sie hilflos. Emma schließt ihre Augen, eine Träne läuft über ihre rechte Wange. „Darf ich dich mal in den Arm nehmen?", fragt die Ärztin behutsam nach. Ohne zu antworten wirft sich Emma in die Arme der Ärztin und beginnt zu weinen. Nach einiger Zeit wischt sich Emma über ihre Wangen, schaut die Ärztin an und sagt: „Es geht wieder, danke. Wir können jetzt weitergehen." Gerührt über Emmas Reaktion streichelt die Ärztin ihr sanft über den Kopf. Gemeinsam gehen sie weiter den Flur entlang. Vor der Tür bleibt Emma stehen und schaut die Ärztin noch einmal an: „Und du bist dir ganz sicher, dass du meiner Oma nicht mehr helfen kannst", fragt sie leise. Die Ärztin nickt: „Ja, Emma, ich bin mir leider ganz sicher", antwortet sie ebenso leise. Emma überlegt: „Ich denke mal ganz feste nach, vielleicht fällt mir noch eine gute Medizin für meine Oma ein", sagt sie überzeugt. „Wenn ich

43

etwas gefunden habe, darf ich dich dann anrufen?" Die Ärztin nickt: „Das darfst du, tapferes kleines Mädchen." Emma bedankt sich und klopft an die Tür. Beim Hineingehen dreht sie sich noch einmal um: „Danke, liebe Ärztin." Die Ärztin lächelt: „Ich danke dir." Mit diesen Worten verschwindet Emma im Zimmer und schließt die Tür hinter sich. Die Ärztin seufzt erneut, dreht sich um und geht zurück ins Arztzimmer. Auf dem Weg denkt sie die ganz Zeit an das kleine Mädchen, welches fest davon überzeugt ist, seiner Oma zu helfen.

Der Kräutergarten

Am Abend sucht Emma ihren gesamten Schrank und das Regal ab. „Ich habe doch mal ein Kräuterbuch von Oma bekommen" sagt sie leise vor sich hin. „Da muss doch eine Pflanze drin sein, womit ich Oma eine Medizin machen kann." Emma ist so vertieft, dass sie gar nicht bemerkt, dass ihre Mutter ins Zimmer kommt. „Emma, was tust du da", fragt sie irritiert. Emma erschrickt: „Ich suche das Kräuterbuch, welches mir Oma mal zum Geburtstag geschenkt hat", antwortet sie. „Wofür brauchst du das denn?", möchte die Mutter wissen. „Ich brauche das, weil ich Oma eine Medizin gegen den bösen Bauchkrebs machen möchte", sagt Emma voller Überzeugung. „Ach, Emma, komm mal her!" Die Mutter setzt sich aufs Bett und bittet Emma neben sich. „Emma, man kann Oma nicht mehr helfen. Die Chemotherapie ist das stärkste Mittel, was man gegen den Krebs geben kann, aber nicht einmal das würde mehr helfen", versucht die Mutter Emma zu erklären. Emma wird wütend: „Vielleicht kannst du Oma nicht mehr helfen und die liebe Ärztin auch nicht, ich werde Oma aber helfen können, weil ich das wirklich will. Und wenn du Oma nicht mehr helfen willst, dann ist das wirklich ganz gemein. Wenn du bösen Bauchkrebs hättest, dann würde ich dir auch helfen und dich nicht so einfach sterben lassen!" Erschrocken über Emmas Reaktion, versucht die Mutter zu erklären: „Emma, ich will Oma nicht sterben lassen und ich würde ihr auch helfen, wenn ich irgendwie könnte, aber ich kann doch nichts tun."

„Aber man kann es wenigstens versuchen!" Mit diesen Worten dreht sich Emma wieder zum Regal und wirft ein Buch nach dem anderen auf den Boden. Die Mutter sitzt einfach nur schweigend daneben und schaut auf den immer größer werdenden Bücherstapel. Endlich hat Emma das Kräuterbuch gefunden. Zufrieden geht

46

sie damit zum Bett. „Darf ich mich jetzt bitte hinlegen und in meinem Buch lesen?", fragt sie immer noch wütend. „Aber Emma, du kannst doch gar nicht lesen", antwortet die Mutter überrascht. „Ich kann das schon. Kannst du jetzt bitte aus meinem Zimmer gehen?!" Traurig erhebt sich die Mutter vom Bett. Darf ich dir wenigstens einen Gute-Nacht-Kuss geben?", fragt sie Emma erschöpft. Emma zögert: „Na gut, aber wütend bin ich trotzdem noch auf dich." Die Mutter beugt sich zu Emma, gibt ihr einen Gute-Nacht-Kuss auf die Wange. „Schlaf gut, mein Kleines", sagt sie leise. „Gute Nacht!", antwortet Emma und setzt sich, noch ehe die Mutter das Zimmer verlassen hat, auf ihr Bett und beginnt in ihrem Buch zu blättern. Zwei Stunden später ist Emma eingeschlafen. In der Nacht schläft sie jedoch sehr unruhig. Immer wieder wacht sie auf, weil sie träumt, dass ihre Oma schon tot sei. Erst gegen Morgen fällt sie erschöpft in einen Tiefschlaf.

Nachdem Emma aufgestanden ist, sich gewaschen, angezogen und gefrühstückt hat, geht sie mit ihrem Kräuterbuch hinaus in den Garten. Ihre Oma hat den Garten liebevoll gestaltet und die unterschiedlichsten Blumen-, Pflanzen- und Kräuterbeete angelegt und eingepflanzt. Emma hat ihr dabei immer geholfen und so hat sie bereits vieles über die Pflanzen und Kräuter erfahren. Emma erinnert sich, dass ihre Oma gesagt hat, dass die Indianer viele Heilpflanzen haben und daraus Medizin herstellen. Leider haben sie aber nie darüber gesprochen, woraus die Indianer Medizin gegen den Krebs machen. Emma kniet sich vor eines der Kräuterbeete und schlägt ihr Buch auf. Sie versucht die Kräuter aus dem Beet mit den Abbildungen im Buch zu vergleichen. Nach einiger Zeit hat sie die meisten Kräuter zwar gefunden, da sie aber nicht lesen kann, weiß sie nicht, um welche Kräuter es sich handelt und wofür man sie einsetzen bzw. verwenden kann. So entscheidet sie sich einfach dafür, ein paar Kräuter und Pflanzen zu pflücken und neben das Buch zu legen. Sie läuft ins Haus, um das Telefon zu holen. Zurück im Garten angekommen, möchte sie die Ärztin aus dem Krankenhaus anrufen, ihr fällt jedoch ein, dass sie nicht weiß, wie das Krankenhaus heißt, noch wie die Nummer ist. Ihre Mutter möchte sie nicht fragen, da sie das bestimmt verbieten würde. Emma überlegt kurz und entscheidet sich dann die „112" anzurufen.

„Mama und Papa sagen immer, dass ich im Notfall die 112 anrufen soll und das ist schließlich ein Notfall", sagt sie, während sie die Nummer wählt. „Notruf Feuerwehr und Rettungsdienst – wo ist der Notfallort?"

„Hallo, hier ist Emma Katharina Neuberger und ich muss dringend die liebe Ärztin aus dem Krankenhaus sprechen."

„Emma, wo bist du?", fragt der Herr von der Rettungsleitstelle. „Ich bin zuhause", antwortet Emma. „Und ist ein Notfall bei dir zuhause?", möchte der Herr wissen. Ja, weil meine Oma

49

Krebs hat und ich muss ihr jetzt helfen", sagt Emma verzweifelt. „Wo ist deine Oma? Kann sie ans Telefon kommen?" Emma schüttelt den Kopf: „Nein, meine Oma ist doch im Krankenhaus."

„Verstehe, deine Oma ist im Krankenhaus, weil sie

Krebs hat und du bist zuhause und willst ihr nun helfen. Ist das richtig?"

„Ja, genau so. Kannst du mir jetzt bitte helfen?", möchte Emma wissen. „Ich kann es versuchen, aber dazu muss ich mal kurz die Leitung wechseln. Kannst du mal bitte kurz dranbleiben? Ich komme sofort wieder ans Telefon."

„Ist gut, ich warte."

„Du wirst jetzt kurz eine Melodie hören, ok?!"

„Ja, ist gut."

Nach ein paar Sekunden ist der Herr von der Rettungsleitstelle wieder am Telefon.

„Emma, bist du dran?", fragt er nach. „Ja, ich bin hier", antwortet Emma. „Das ist gut. Jetzt erklär mir noch einmal in Ruhe die Geschichte."

„Also, meine Oma hat einen bösen Bauchkrebs und die Ärzte können ihr nicht mehr helfen und meine Mama will ihr nicht helfen, deswegen muss ich das jetzt machen. Weißt du, meine Oma soll nämlich nicht sterben", erklärt Emma dem Herrn am Telefon. „Verstehe, und wie möchtest du deiner Oma jetzt helfen?", fragt er nach. „Ich habe von der Oma ein Kräuterbuch zum Geburtstag bekommen und jetzt habe ich die Kräuter und Pflanzen in dem Buch gesucht, welche wir im Garten haben. Ich möchte daraus Medizin für Oma machen…", Emma zögert, „aber… aber ich kann nicht lesen, ich bin doch erst fünf", sagt sie traurig. „Da hast du aber etwas ganz schweres vor", sagt der Herr am Telefon. „Bist du dir sicher, dass das klappen kann?", möchte er wissen. „Ja, das klappt bestimmt, weil die Indianer auch immer Medizin machen, sagt meine Oma. Ich muss jetzt

51

nur wissen, welche Kräuter und Pflanzen ich nehmen muss, um die Medizin gegen den Krebs zu machen", erklärt Emma. „Was sagt denn deine Mama dazu, dass du Medizin herstellen möchtest?", möchte der Herr wissen. „Mit meiner Mama möchte ich nicht reden, ich bin wütend auf sie, weil sie sagt, dass Oma stirbt und sie macht einfach nichts dagegen."

„Verstehe. Ist deine Mama denn jetzt auch zuhause?"

„Ja, aber sie weiß nicht, dass ich mir das Telefon geholt habe und jetzt mit dir telefoniere. Und ich muss ja auch gleich noch mit der lieben Ärztin aus dem Krankenhaus reden. Sie hat nämlich gesagt, dass, wenn mir eine Medizin eingefallen ist, ich sie anrufen kann."

„Und jetzt möchtest du sie wegen den Kräutern und Pflanzen fragen, richtig?"

„Ja, genau. Aber ich weiß die Telefonnummer nicht, und kann deswegen nicht da anrufen."

„Und weil du die 112 kennst, hast du jetzt bei uns angerufen, damit wir die weiterhelfen, richtig?!" Emma nickt: „Genau, weil es ja ein Notfall ist und Mama und Papa immer sagen, dass ich im Notfall die 112 anrufen soll", antwortet Emma. Der Herr lacht freundlich: „Das hast du sehr gut gemacht, kleines Mädchen", ermutigt er Emma. „Also lass uns mal schauen, was ich für dich tun kann. Weißt du, in welchem Krankenhaus deine Oma liegt", fragt der Herr nach. Emma schüttelt den Kopf: „Nein, ich weiß nur, dass es ein großes Krankenhaus ist", antwortet sie. „Ok, weißt du denn, wo du wohnst", versucht es der Herr weiter. „Ja, ich wohne in Nideggen."

„Gut, dann kommt vermutlich Düren in Frage. Hast du diesen Ort schon einmal gehört?"

„Jaaa", das hat Mama schon ein paar Mal gesagt", freut sich Emma. „Ok, jetzt gibt es drei Krankenhäuser in Düren, zwei davon mit der Fachabteilung Onkologie. Wobei, genau genommen ist es eins, das andere ist ein

53

Medizinisches Versorgungszentrum. Hm… pass mal auf, wie heißt deine Oma?", fragt der Herr nach. „Meine Oma heißt Charlotte Katharina Neuberger", antwortet Emma. „Gut, ich werde jetzt mal etwas für dich herausbekommen und du bleibst nochmal einfach in der Leitung und hörst der Melodie zu, ok?!" Emma nickt: „Ja, ist gut, das mache ich", antwortet sie.

Nach einer Minute ist der Herr wieder in der Leitung.

„Emma, ich habe eine gute Nachricht für dich. Ich weiß jetzt wo deine Oma liegt."
„Oh, das ist ja toll", freut sich Emma. „Ich werde dich jetzt mal mit der Klinik verbinden, du bleibst einfach dran, bis jemand in der Leitung ist, ok?"
„Ja, das mache ich. Aber… was ist, wenn der Anruf weg geht? Manchmal passiert das doch einfach", möchte Emma wissen. „Ich bleibe so lange in der Leitung, bis du verbunden bist und

54

sollte irgendetwas schief gehen, dann rufe ich dich zurück, abgemacht?!" antwortet der Herr. „Ja, aber du hast doch gar nicht meine Nummer", sagt Emma überrascht. Der Herr lacht: „Doch, die kann ich im Display sehen. Die Notrufzentrale und die Polizei können die immer sehen, wenn die nicht ausgeschaltet ist", erklärt er Emma. „Oh, das wusste ich nicht", antwortet sie. „Also bis dann, Emma."

„Bis dann, und danke für deine Hilfe!"

„Das habe ich gerne gemacht", antwortet der Herr.

„Zentrale, Krankenhaus Düren, Weniger am Apparat, guten Tag"

„Guten Tag, hier ist Emma Katharina Neuberger. Ich möchte bitte mit der Ärztin von meiner Oma sprechen", meldet sich Emma. „Emma, ich habe schon von dir gehört", antwortet eine freundliche Stimme am Telefon. „Deine Oma liegt hier bei uns auf der Onkologie und du möchtest bestimmt

Frau Doktor Wegemann sprechen, ist das richtig?", möchte Herr Weniger wissen. „Ich weiß leider nicht, wie die Ärztin heißt", antwortet Emma, „aber sie ist sehr lieb und sie hat mir viel erklärt."

„Hm, ich werde es einmal bei ihr versuchen, Moment."

„Ist gut, ich warte, das kenne ich schon von dem Mann bei der Feuerwehr", sagt Emma. Herr Weniger lacht: „Ok, bis gleich." Nach ein paar Sekunden ist er wieder zurück in der Leitung. „Emma, Frau Doktor Wegemann ist jetzt in der Leitung, ich lege auf, ok?!"

„Ist gut, danke!"

„Wegemann, hallo Emma?!"

„Hallo liebe Ärztin, ich habe etwas gefunden, womit ich Oma helfen kann, aber ich kann nicht lesen. Kannst du mir bitte helfen?", möchte Emma wissen. „So, erzähl mal, was hast du gefunden?", fragt die Ärztin liebevoll. „Ich habe ein Kräuterbuch von der Oma zum Geburtstag bekommen und jetzt unsere Kräuter und Pflanzen aus dem Garten darin gesucht. Ich habe alle gefunden und jetzt muss ich nur noch die Medizin machen, damit Oma wieder gesund wird", erklärt Emma ganz aufgeregt. „Oh, Emma, das ist sehr lieb von dir, dass du das versuchst…", die Ärztin weiß nicht, wie sie Emma die Wahrheit sagen soll, wo sie doch so viel Hoffnung hat. „Wenn ich dir jetzt sage, wie die Kräuter und Pflanzen aussehen, kannst du mir dann bitte sagen, welche ich nehmen muss, um die Medizin gegen den Krebs zu machen?", möchte Emma wissen. Der Ärztin kullern ein paar Tränen über die Wangen, so gerührt ist sie von dem tapferen kleinen Mädchen. „Emma, ich würde dir wirklich sehr sehr gerne helfen, aber ich weiß nicht wie. Ich kenne keine Pflanze, die den Krebs heilen kann. Weißt du, die Chemotherapie ist das stärkste, was es im Moment gegen den Krebs gibt und wenn die schon nicht mehr hilft…", die Ärztin zögert einen Moment,

„dann kann es auch keine Pflanze schaffen", fährt sie dann fort. Emma fängt an zu weinen: „Bist du dir da ganz sicher?", möchte sie wissen. „Ja, leider", bestätigt die Ärztin. Beide schweigen für einen Moment. „Meinst du nicht, dass ich vielleicht eine Medizin erfinden kann? Vielleicht weiß man noch gar nicht, dass eine bestimmte Pflanze gegen den Krebs helfen kann, oder ein paar zusammen?!", fragt Emma mit letzter Hoffnung. „Ja, vielleicht können Pflanzen dagegen helfen, was man noch nicht weiß, aber im Moment ist es aussichtslos, Kleines", sagt die Ärztin leise. Emma zögert, dann sagt sie. „Na gut... dann überlege ich mir etwas anderes. Bis bald, liebe Ärztin."

„Bis bald, kleine Emma."

Der Brief

Am Abend sitzt Emma beim Abendessen und überlegt noch immer, wie sie ihrer Oma helfen kann. Sie merkt, dass es nichts bringt, wütend auf den Krebs zu sein. *„Ich muss mir also etwas Neues einfallen lassen"*, denkt sie. „Du bist wohl immer noch wütend, oder?!", fragt ihre Mutter vorsichtig nach. Emma denkt an das, worüber sie gerade nachgedacht hat: „Könnte sein", antwortet sie leise und beißt in ihr Tomatenbrot.

Später im Bett denkt sie noch lange nach. Plötzlich hat sie eine Idee. Sie springt auf, reißt die Schubladen von ihrem Schreibtisch auf und holt Papier und ihr Mäppchen heraus. Sie geht zur Tür und schaut durch den Türspalt. Sie kann aber weder etwas sehen noch hören. Vorsichtig öffnet sie ihre Tür und geht langsam auf den Flur. Sie schleicht Richtung Schlafzimmer ihrer Eltern. Dort angekommen hört sie ein leises gleichmäßiges und ruhiges Atmen. „Blöd, Mama und Papa schlafen anscheinend schon", sagt sie und trottet wieder in ihr Zimmer zurück. Sie schaut aus dem Fenster, der Mond steht hoch oben am Himmel. Langsam läuft sie zu ihrem Bett zurück und legt sich wieder hinein. „Dann muss ich wohl bis morgen warten", sagt sie und kuschelt sich tief in ihre Decke ein. Nach ein paar Minuten ist auch Emma feste eingeschlafen.

Nach dem Frühstück holt Emma einen Zettel und einen Stift aus ihrem Zimmer und überreicht die Sachen ihre Mutter. „Mama, kannst du mir bitte einen Brief schreiben?", bittet sie ihre Mutter. „Einen Brief? An wen möchtest du denn schreiben?", fragt ihre Mutter überrascht. „An den bösen Krebs. Ich will schreiben, dass er weggehen und meine Oma in Ruhe lassen soll", antwortet Emma. Die Mutter seufzt, eigentlich würde sie Emma jetzt gerne sagen, dass das nichts bringt, jedoch möchte sie nicht, dass sie wieder wütend wird. Stattdessen nimmt sie das Blatt und den Stift und setzt sich an den Küchentisch. „Also gut, was möchtest du denn schreiben?", fragt sie nach. Zufrieden setzt sich Emma neben ihre Mutter. *„Offensichtlich hat Mama ihre Meinung geändert und möchte jetzt auch helfen",* denkt sie und freut sich darüber. „Schreib bitte hin: Böser Bauchkrebs…", Emma überlegt, „nein, lieber nicht „böser Bauchkrebs" schreiben, sonst ist er weiter böse und hört nicht auf mich", sagt sie entschlossen. „Das könnte sein", antwortet die Mutter. „Gut, dann schreib bitte: Lieber Bauchkrebs, ich bin Emma Katharina Neuberger und meine Oma ist Charlotte Katharina Neuberger. Ich bin fünf Jahre alt und habe meine Oma ganz doll lieb. Leider bist du jetzt in meiner Oma gewachsen und dann böse geworden. Ich weiß nicht, warum du das gemacht hast, weil meine Oma nämlich ganz schön lieb ist. Es wäre also sehr lieb von dir, wenn du wieder gehen würdest, weil meine Oma sonst sterben muss. Ich wäre ganz schön traurig darüber und

63

meine Oma bestimmt auch. Kannst du also bitte wieder gehen? Liebe Grüße, deine Emma." Während des Diktierens machte Emma immer wieder kleine Pausen, damit ihre Mutter mit dem Schreiben hinterherkam. Nachdem die Mutter fertig ist, strahlt Emma sie an, nimmt das Blatt an sich und bedankt sich bei ihr. „Danke, Mama! Ich gehe jetzt in mein Zimmer und schreibe den Brief ab." Emma ist gerade zur Tür heraus, da ruft die Mutter sie noch einmal zurück: „Emma?"

„Ja, Mama?", antwortet Emma und schaut in die Küche. „Du weißt, dass man einen Brief verschicken muss. Wo möchtest du deinen Brief hinschicken?", fragt die Mutter interessiert nach. Emma überlegt: „Das ist ganz einfach", sagt sie entschlossen, „wenn der Krebs in Omas Bauch wohnt, dann muss der Brief auch in Omas Bauch!"

„Was??? Wie soll der Brief denn da reinkommen?", fragt sie Mutter irritiert. „Na, ganz einfach, Mama, Oma muss den Brief einfach essen", antwortet Emma, dreht sich herum und geht in ihr Zimmer. Dort angekommen setzt sich Emma an den Schreibtisch und beginnt, den Brief fein säuberlich abzuschreiben.

Nach 40 Minuten ist sie fertig. Sie überlegt, ob sie den Brief noch schön verzieren soll, damit der Krebs sich über ihren Brief freut. Sie schaut auf ihre Buntstifte und entscheidet sich dafür, eine

schöne Blumenwiese auf den Brief zu malen. „Der Krebs wird sich bestimmt darüber freuen", sagt sie leise und freut sich selbst über ihre tolle Idee.

Nachdem Emma fertig ist, geht sie in die Küche und zeigt ihrer Mutter den Brief. „Schau mal, Mama, ich bin fertig. Gefällt er dir?", fragt sie gespannt nach. Die Mutter nimmt den Brief an sich und schaut ihn sich lange an: „Das hast du wirklich sehr schön gemacht, Kleines", lobt sie Emma. „Danke, Mama! Jetzt brauche ich nur noch einen Briefumschlag und eine Briefmarke. Kannst du mir das bitte geben?", bittet Emma ihre Mutter. Die Mutter dreht sich zum Küchentisch: „Ich habe schon alles für dich herausgelegt", sagt sie und überreicht Emma die Sachen. Nachdem Emma alles fertig gemacht hat, schaut sie ihre Mutter glücklich an: Jetzt muss Oma den Brief nur noch essen und dann ist alles wieder gut", freut sie sich. „So machen wir das, Emma", antwortet die Mutter und fragt sich insgeheim, wie das bloß ausgehen soll.

66

Alois

Am Nachmittag geht Emma mit ihrer Mutter wieder ins Krankenhaus. Emma ist schon ganz aufgeregt, weil sie dem Krebs ihren Brief geben möchte. Die gesamte Autofahrt hat sie den Brief in ihren Händen gehalten, damit er nicht verloren geht. Vor dem Stationsflur treffen sie eine Freundin der Mutter. Die beiden Erwachsenen beginnen ein Gespräch. „Darf ich bitte schon einmal vorgehen", fragt Emma ihre Mutter ganz aufgeregt. Die Mutter nickt: „Ist gut, Kleines, du weißt ja, auf welchem Zimmer Oma liegt."

„Danke!", antwortet Emma und läuft eilig auf die Station. „Nicht so schnell, Emma", ruft die Mutter noch hinterher, aber Emma ist schon weg. Sie läuft so eilig, dass sie fast mit Frau Doktor Wegemann zusammenstößt, die gerade aus dem Arztzimmer kommt. „Huch, Emma, du bist aber schnell unterwegs", sagt sie. „Hallo, liebe Ärztin. Ich muss ganz schnell zu meiner Oma. Ich muss ihr einen Brief für den bösen Bauchkrebs geben", erzählt Emma. „Einen Brief?", fragt die Ärztin erstaunt. „Ja, ich habe dem bösen Bauchkrebs geschrieben und ihm gesagt, dass er bitte wieder weggehen soll. Und jetzt muss ich Oma den Brief schnell geben, damit sie ihn essen kann", erklärt Emma. „Deine Oma soll was???", fragt die Ärztin noch überraschter. „Na, der Krebs ist doch in Omas Bauch und für ihn ist doch der Brief und damit der Krebs den Brief auch bekommt, muss Oma den Brief jetzt essen", sagt Emma ganz aufgeregt und hüpft dabei auf und ab. Die Ärztin kratzt sich am Kopf: Emma, ich bin mir nicht so ganz sicher, ob…" In diesem Moment kommt Alois aus dem Zimmer seiner Frau. Emma sieht, dass Alois ganz traurig ist. „Guck mal, da ist Alois." Emma zeigt Richtung Alois. „Er sieht ja ganz traurig aus. Weißt du was er hat?", fragt Emma die Ärztin. In diesem Moment hat Emma ein ganz ungutes Gefühl. Sie läuft los, so schnell sie kann. Bei Alois angekommen, wirft sie sich an

68

ihn und umklammert seine Beine. „Alois... warum bist du so traurig?", fragt Emma vorsichtig nach. „Tut dir etwas weh?" Alois streichelt Emma sanft über den Kopf, dann kniet er sich vor sie: „Ach, Emma...", sagt er leise und beginnt zu weinen. „Warum weinst du denn", möchte Emma wissen. „Meine liebe Erna... sie ist tot", schluchzt Alois. Emma schluckt: „Aber warum denn??? Hat der böse Krebs sie getötet?", möchte Emma wissen. „Ja, Kleines, der böse Krebs hat sie getötet", bestätigt Alois. Emma schaut auf den Brief, den sie neben sich gelegt hat. „*Vielleicht hätte ich dem bösen Krebs von Alois seiner Frau auch einen Brief schreiben sollen*", denkt sie. Alois wischt sich über die Augen. „Warte, Alois, ich habe ein Taschentuch für dich", sagt Emma und zieht ein Taschentuchpäckchen aus ihrer Hosentasche. Vorsichtig hält sie es ihm hin. „Danke, Kleines!" Alois nimmt das Taschentuch und wischt sich damit über die Augen. „Möchtest du noch eins haben?", fragt Emma. „Ich habe ganz viele

69

davon", fügt sie hinzu und zeigt auf das Päckchen. „Das reicht mir erst einmal, danke, Emma."

Alois Blick fällt auf den Briefumschlag. „Hast du deiner Oma ein Bild gemalt?", fragt er Emma. Emma schüttelt den Kopf, sie traut sich nicht, Alois zu sagen, was in dem Umschlag ist. Irgendwie kommt es ihr auf einmal dumm vor, dem Krebs einen Brief geschrieben zu haben. Alois sieht, dass Emma den Brief langsam unter ihre Knie schiebt. „Habe ich etwas Falsches gesagt?", fragt Alois verunsichert nach. Emma

70

schüttelt abermals den Kopf: „Nein, das ist es nicht", Emma zögert einen Moment, „ich habe dem bösen Krebs in Omas Bauch einen Brief geschrieben und ihm gesagt, dass er weggehen soll", fügt sie dann leise hinzu. Alois lächelt: „Aber das ist doch schön, Kleines. Du hast dir etwas Gutes einfallen lassen", muntert er Emma auf. Emma senkt den Kopf: „Aber es wird nichts helfen", sagt sie traurig. Alois seufzt. Wie gerne würde er Emma sagen, dass alles wieder gut und ihre Oma wieder gesund wird. Er weiß aber, dass das nicht stimmt. So, als ob Emma seine Gedanken lesen könnte, schaut sie Alois an und fragt: „Oma muss sterben, oder, Alois?!" Alois beginnt wieder zu weinen. „Der Krebs ist böse. Ich hasse den bösen Krebs!", schreit Emma. Wütend nimmt sie den Brief und zerreißt ihn in mehrere kleine Teile. Alois sitzt schweigend daneben.

Emmas Mutter, die gerade in den Flur gekommen ist, sieht ihre Tochter und will zu ihr eilen. Auf halber Strecke wird sie jedoch von Frau Doktor Wegemann zurückgehalten. „Frau Neuberger, nicht." Emmas Mutter bleibt stehen und schaut die Ärztin fragend an: „Was meinen Sie, Frau Doktor?", möchte sie wissen. „Ich glaube, Emma versteht gerade, dass es für ihre Oma keine Chance mehr gibt", antwortet die Ärztin. Die Mutter schaut zu Emma: „Meinen Sie wirklich?", fragt sie verunsichert. Die Ärztin nickt: „Ich denke schon", antwortet sie. „Wenn Sie auf mich hören, lassen Sie die beiden Mal alleine." Emmas Mutter nickt unsicher. „Na, wenn Sie meinen", stimmt sie dann jedoch zu. „Ja. Kommen Sie, wir gehen über die andere Station. Ich denke, Emma wird zu Ihnen kommen, wenn sie fertig ist", schlägt die Ärztin vor. Emmas Mutter zögert einen Moment, dann sagt sie: „Na gut, ich vertraue Ihnen. Sie wird schon nicht verloren gehen und vielleicht tut es ihr auch ganz gut. Sie ist schon sehr wütend in letzter Zeit und versucht alles, um ihre Oma zu retten." Die Ärztin nickt: „Ja, ich weiß", bestätigt sie.

72

Zusammen gehen sie auf die andere Station.

Nachdem Emma den Brief zerrissen hat, schaut sie Alois an und fragt leise: „Alois... tut sterben weh?" Alois überlegt: „Manchmal ja... manchmal aber auch nicht", antwortet er erschöpft. „Tut Oma das Sterben weh", möchte Emma wissen. Alois schüttelt den Kopf: „Nein, Emma, deiner Oma tut es nicht weh. Sie bekommt starke Medikamente, weißt du?!" Emma schluchzt: „Aber mir tut es weh! Mir tut es hier weh!", sagt Emma und zeigt auf ihr Herz. „Ich weiß Emma, mir tut es mit Erna auch hier weh!", Alois zeigt ebenfalls auf sein Herz. Beide beginnen zu weinen. „Wenn Oma tot ist, dann kann ich nie wieder mit ihr reden. Ich kann nie wieder mit ihr Blumen pflücken und auch nie wieder an den See mit ihr gehen. Oma mag den See. Oma ist dann einfach weg und ich werde bestimmt alles vergessen, weil die Menschen Sachen vergessen, wenn sie etwas lange nicht mehr gesehen oder gemacht haben", schluchzt Emma. Alois streichelt Emma über den Kopf: „Weißt du, Kleines", sagt er, „solange du an all die schönen Dinge, die du mit deiner Oma gemacht hast, denkst und sie einfach nicht vergisst, solange wird deine Oma nicht weg sein… sie wird in dir, in deinem Herzen weiterleben. Vergessen ist nur jemand, an den man nicht mehr denkt", versucht Alois Emma zu trösten. „Aber ich kann Oma doch nicht mehr sehen und ich kann nicht mehr mit ihr reden. Was ist, wenn ich vergesse, wie sie aussieht?", möchte Emma wissen. „Es ist normal, dass die Erinnerungen irgendwann verblassen, Emma, aber sie werden nie ganz weg gehen. Und du wirst Bilder von deiner Oma haben, die du dir anschauen kannst. Sie werden dich daran erinnern, wie deine Oma ausgesehen hat", antwortet Alois. „Ich kann aber nicht mehr mit ihr reden", wiederholt Emma leise. „Doch, kannst du. Und weißt du was, Emma? Deine Oma wird sogar mit dir reden", versucht Alois Emma aufzumuntern. Emma schaut ganz

74

erstaunt: „Wie kann Oma denn mit mir reden???“, möchte sie wissen. „Das wirst du irgendwann spüren, Kleines. Vielleicht nicht in naher Zukunft. Aber irgendwann spürst du es. Es wird ein Gefühl sein, welches du hast. Und dann wirst du wissen, dass deine Oma jetzt bei dir ist. Natürlich wird sie nicht wirklich da sein und mit dir reden, aber du wirst das Gefühl haben, dass deine Oma gerade bei dir ist“, erklärt Alois. „Ich fürchte, ich bin noch zu klein, um das zu verstehen, Alois“, sagt Emma leise. „Das macht nicht, Kleines“, antwortet Alois und streichelt Emma erneut sanft über den Kopf. „Komm!“, sagt er, „ich bringe dich jetzt zu deiner Oma. Du solltest die Zeit nutzen, um dich mit deiner Oma an schöne Dinge zu erinnern. Es wird dir guttun und deiner Oma auch“, sagt Alois lächelnd und reicht Emma die Hand. „Hast du das mit deiner Frau auch gemacht?“, möchte Emma wissen. „Oh, ja, das haben wir. Wir haben uns sehr viel erzählt“, antwortet Alois. „Was denn zum Beispiel?“, fragt

75

Emma interessiert. „Wir haben darüber gesprochen, wie wir uns kennengelernt haben, wie ich Erna einen Heiratsantrag auf dem Heuboden gemacht habe, wie wir geheiratet haben und wie unsere erste gemeinsame Wohnung aussah." Emma hört gespannt zu. „Wir haben uns an unsere Urlaube am See erinnert und an unser erstes Auto. Wir haben aber auch darüber gesprochen, wie traurig wir damals waren, dass wir keine Kinder bekommen konnten. Ja, über all diese Dinge haben wir gesprochen", zählt Alois auf. „Hat dich das nicht traurig gemacht?", möchte Emma wissen. „Es ist doch bestimmt sehr traurig, wenn man über Dinge spricht und weiß, dass man das nie wieder machen kann." Alois nickt: „Ja, es macht sehr traurig, es hilft aber auch, mit dem Schmerz umzugehen, weißt du?" Emma nickt. „Dann werde ich jetzt auch mit Oma Geschichten erzählen", sagt Emma entschlossen. „Das ist schön", antwortet Alois. Gemeinsam gehen sie in Richtung Zimmer ihrer Oma.

76

Erinnerungen mit Oma

„Emma, mein kleiner Engel", sagt die Oma mit schwacher Stimme. „Ich freue mich sehr, dich noch einmal zu sehen." Emma überlegt, sollte sie ihrer Oma jetzt sagen, dass sie sich noch ganz oft sehen können? Emma entscheidet sich, dies lieber nicht zu sagen. Sie denkt an Alois und an das, was er ihr geraten hat. „Stimmt etwas nicht, Emma", fragt die Mutter nach. Emma holt tief Luft: „Doch… ich habe nur gerade an etwas gedacht", antwortet sie. „So, was denn?", möchte die Mutter wissen. „Alois hat mir gerade erzählt, dass er und seine Frau gerne am See waren. Weißt du noch, Oma, wie wir immer am See waren?", versucht Emma mit ihren Erinnerungen zu beginnen. „Am See??? Aber natürlich, mein Kind. Das weiß ich noch ganz genau", freut sich die Oma. „Du hast mir im See schwimmen beigebracht", erzählt Emma. „Ja, das stimmt. Am Anfang hattest du große Angst, schwimmen zu lernen und wolltest

77

eigentlich gar nicht. Irgendwann haben wir dann aber im See mit deinem Ball gespielt und sind immer weiter ins Wasser gegangen."

„Ja, und dann stand ich nur noch auf meinen Zehen und du hast den Ball ein bisschen weiter ins Wasser geworfen."

„Du hattest so eine Angst, deinen geliebten roten Ball zu verlieren, dass du freiwillig hinterhergeschwommen bist, ohne es eigentlich zu können", lacht die Oma. „Ja, da konnte ich das auf einmal", bestätigt Emma. Plötzlich muss Emma laut lachen: „Weißt du noch, wie du mit deinen ganzen Sachen in den See gefallen bist, weil du nach hinten geguckt hast, als wir fangen gespielt haben?"

„Wie könnte ich das vergessen? Du hast dich so kaputtgelacht, wie ich wie ein begossener Pudel im Wasser saß", antwortet die Oma. „Du hast aber wirklich sehr witzig ausgesehen", kichert Emma. „Oh, und dann haben wir doch auch mal den leckeren Marmorkuchen gegessen, den wir vorher gebacken haben, weißt du noch?!", fragt Emma nach. "Ja, ich erinnere mich", bestätigt die Oma. "Opa hat so getan, als ob er mürrisch wäre, weil er den rohen Teig nicht von den Löffeln ablecken durfte. Aber weißt du, Opa hat es immer wieder versucht. Geschafft hat er es aber kein einziges Mal", freut sich die Oma. Emma lacht: "Ja, das denkst du aber auch nur. Opa hat nämlich immer, wenn du den Kuchen in den Backofen getan hast, etwas aus der Schüssel geleckt."

"Opa hat was???", spielt die Oma empört. "Ach, Oma, das weißt du doch bestimmt. Du hast ja auch immer gesehen, wenn ich mir die Schokolade aus dem Bonbonglas geholt habe, dabei war ich immer ganz leise." Jetzt muss die Oma lachen: "Kinder und Opas sind nie leise, wenn es ums Naschen geht." Emma zieht einen Schmollmund. Das ist aber auch sooo lecker", sagt sie ertappt. "Bis man Bauchschmerzen bekommt, vor lauter Naschen, nicht wahr?!", fragt die Oma. Emma schaut nach unten und malt mit ihrem rechten Fuß

79

einen Kreis auf den Boden. „Na, du wirst dich schon noch an die Kekse erinnern, die wir jedes Jahr zu Weihnachten gebacken haben. Vor zwei Jahren hast du so viele Kekse und Zuckerstreusel gegessen, dass dir danach richtig schlecht geworden ist." Emma schüttelt sich: „Oh, das weiß ich noch. Das war ganz schön ekelig." Die Oma zwinkert: „So schlimm wird es nicht gewesen sein, du hast am nächsten Tag nämlich einfach weiter gegessen", lacht sie. Emma überlegt: „An diesem Weihnachten habe ich von dir und Opa eine schöne Puppe geschenkt bekommen, mit einem Puppenwagen." Die Oma nickt: „Ja, du bist immer mit deiner Lisa umhergefahren", stimmt sie zu. „Letztes Jahr hast du ein Fahrrad bekommen, im Sommer wollte ich dir beibringen, wie man ohne Stützräder fährt", sagt die Oma wehmütig. „Aber Oma, das kannst du doch immer", Emma überlegt: „ach, eigentlich möchte ich damit noch etwas warten", schwindelt Emma dann. *„Eigentlich darf man nicht schwindeln,* *aber Oma soll doch nicht traurig werden"*, denkt Emma verzweifelt. Die Oma sieht, dass Emma sich unwohl fühlt. „Schon gut, Kleines, ich weiß, was du jetzt gerade denkst", sagt sie leise.

Emma fängt an zu weinen: „Oma, ich will nicht, dass du stirbst!", sagt sie verzweifelt. Die Oma streichelt Emma sanft über den Kopf: „Aber Kind, jeder muss eines Tages sterben. Und ich bin doch schon alt und so krank. Es ist nicht schön, wenn man krank ist und leiden muss. Für mich ist es eine Erlösung", versucht sie Emma zu trösten. „Für mich aber nicht", sagt Emma leise. „Hast du keine Angst zu sterben, Oma", möchte Emma wissen. „Nein, mein Kind, das habe ich nicht", antwortet die Oma zufrieden. Emma überlegt: „Was passiert, wenn man tot ist", fragt sie vorsichtig nach. „Weißt du, Emma, jeder Mensch denkt etwas anderes darüber. Die einen glauben, dass es danach in irgendeiner Form weiter geht. Dass man in den Himmel kommt oder nochmal geboren wird. Die anderen glauben, dass danach gar nichts mehr kommt", versucht die Oma zu erklären. „Und was glaubst du?", möchte Emma wissen. „Ich glaube, dass ich danach ganz frei bin, keine Schmerzen mehr habe und alle Menschen wiedersehe, die schon verstorben sind", antwortet die Oma. „Auch Opa?", möchte Emma wissen. Die Oma nickt: „Ja, auch Opa", sagt sie und lächelt. „Aber was ist, wenn es nicht stimmt und danach gar nichts mehr kommt?"

82

„Weißt du, Emma, dann ist es auch in Ordnung. Ich bekomme es dann ja nicht mehr mit. Es kann für mich also nur gut ausgehen." Emma schaut irritiert: „Das verstehe ich nicht. Wie kann es denn gut ausgehen, wenn man sterben muss?", möchte sie wissen. Die Oma nickt verstehend: „Ich erkläre es dir. Jetzt bin ich krank, habe ohne Medikamente starke Schmerzen und kann gar nichts mehr machen, außer im Bett zu liegen. Wenn ich sterbe, habe ich das alles nicht mehr und bin somit frei. Ich stelle mir vor, dass wenn ich tot bin, alle Menschen, die ich liebe und verloren habe, wiedersehe. Ich freue mich also darauf."

„Ja, aber wenn es nicht so ist", unterbricht Emma ihre Oma. „Dann ist es auch nicht schlimm, weil ich es dann ja nicht mehr mitbekomme", versucht die Oma zu erklären. „Jetzt verstehe ich es", sagt Emma, „irgendwie ist es eine schöne Vorstellung", muss sie zugeben. Gemeinsam erinnern sie sich an noch viele verschiedene Geschichten, die sie erlebt haben. Als es Abend

83

wurde und Emma gehen musste, wollte sie gar nicht. Sie hatte irgendwie das Gefühl, dass, wenn sie jetzt geht, sie ihre Oma nicht mehr wiedersehen würde. Emma schaut auf die Monitore, die die letzten Stunden immer wieder gepiepst haben. Irgendwie scheinen sie Emmas Befürchtungen zu bestätigen. Die Oma sieht Emmas Zögern. Vorsichtig nimmt sie ihre Hand. „Es ist alles gut, Kleines. Wir werden uns wiedersehen… irgendwann", sagt sie leise. „Versprochen?"

„Versprochen", antwortet die Oma. Langsam geht Emma zu Tür. Sie dreht sich noch einmal um und winkt ihrer Oma zu. Mit letzter Kraft hebt die Oma ihre Hand und winkt Emma zu. „Mach es gut, mein kleiner Engel!" Emma seufzt. Gemeinsam mit ihrer Mutter verlässt sie das Zimmer. Nach ein paar Schritten dreht sich jedoch um und rennt zurück. Sie reißt die Tür auf, schmeißt sich ihrer Oma in die Arme und beginnt fürchterlich zu weinen. „Geh nicht, Oma, bitte geh nicht", sagt sie unter Tränen. „Ist doch gut, Kleines, ist doch alles gut", versucht die Oma Emma zu beruhigen. „Wenn ich jetzt gehe, werde ich dich aber nie wiedersehen, ich spüre es", schluchzt Emma. Die Oma antwortet nicht. Stattdessen streichelt sie Emma sanft über den Kopf. Nach einiger Zeit schaut Emma ihre Oma an: „Bitte vergiss mich nicht, Oma", flüstert sie leise. Die Oma schüttelt den Kopf: „So ein liebes Mädchen wie dich, kann man niemals vergessen", antwortet sie liebevoll. Beide beginnen zu weinen.

Emmas Gefühl sollte sie nicht trügen. Zwei Tage später rief Frau Dr. Wegemann an, um mitzuteilen, dass die Oma friedlich von ihnen gegangen ist.

Beerdigung

„Emma, kommst du bitte etwas essen", ruft die Mutter aus der Küche. „Emma, kommst du bitte?!" Nach ein paar Minuten geht die Mutter hinaus in den Garten. „Emma, ich habe dich schon zweimal gerufen", sagt sie. „Ich will aber nicht mit dir reden und ich will auch nichts essen. Oma kann jetzt auch nichts mehr essen", sagt Emma traurig und wütend zugleich. „Emma, Oma ist jetzt seit einer Woche tot. In drei Tagen ist die Beerdigung. Du musst dich doch langsam mal wieder beruhigen." Emma springt auf: „Ich will mich aber nicht beruhigen und ich will Oma auch nicht in der Erde verbuddeln!" Mit diesen Worten wirft sie ihr Kräuterbuch, welches sie in ihren Händen gehalten hat, auf den Boden und rennt ins Haus, hinauf in ihr Zimmer. Sie knallt die Tür zu, schmeißt sich auf das Bett und beginnt zu weinen. Die Mutter bleibt verzweifelt zurück.

Nach einer Weile geht sie hinauf zu Emmas Zimmer und klopft vorsichtig an die Tür. „Emma, möchtest du reden?", fragt sie nach. „Lass mich in Ruhe! Dir ist doch egal, dass Oma tot ist", schreit Emma wütend. Die Mutter beginnt zu weinen: „Mir ist es nicht egal, überhaupt nicht egal", sagt sie leise zu sich selbst. Langsam geht sie wieder nach unten ins Wohnzimmer. Ihr Blick fällt auf das Telefon. Entschlossen greift sie nach dem Hörer und beginnt zu wählen.

„Zentrale, Krankenhaus Düren, Weniger am Apparat, guten Tag."

„Guten Tag, Herr Weniger, hier spricht Neuberger. Wäre es bitte möglich, Frau Doktor Wegemann zu sprechen?"

„In welcher Angelegenheit rufen Sie an, wenn ich fragen darf?", möchte Herr Weniger wissen.

„Meine Mutter ist letzte Woche in Ihrem Hause verstorben. Sie lag auf der Station von Frau Doktor Wegemann", antwortet die Mutter. „Oh, das tut mir leid!" Herr Weniger zögert einen Moment, dann fragt er: „Sind Sie die Mutter von der kleinen Emma?"

„Ja", antwortet die Mutter, „kennen Sie meine Tochter?", fragt sie irritiert. „Ja, sie hat vor ungefähr zwei Wochen hier angerufen, um mit Frau Doktor Wegemann zu sprechen."

„Sie hat was???", unterbricht die Mutter Herr Weniger. „Oh, sie wissen es noch nicht?", entschuldigt sich Herr Weniger. „Nein, sie hat mir nichts davon erzählt", antwortet die Mutter überrascht. „Hat Frau Doktor Wegemann denn mit ihr gesprochen?", möchte die Mutter wissen.

„Ja, das hat sie." Herr Weniger erzählt der Mutter kurz, was Emma alles gemacht hat, um die Ärztin zu erreichen, damit sie ihrer Oma helfen kann, Gerührt von der Geschichte beginnt die Mutter erneut an zu weinen. „Ich habe ein tapferes kleines Mädchen", sagt die Mutter leise. „Ja, und eine kleine Kämpfernatur ist sie offensichtlich noch dazu", antwortet Herr Weniger. „Danke!", sagt die

89

Mutter. „Gerne. Ich versuche Sie jetzt zu verbinden. Alles Gute für Sie!"

„Danke! Für Sie auch!"

„Wegemann. Hallo Frau Neuberger", begrüßt die Ärztin die Mutter. „Hallo Frau Doktor Wegemann, entschuldigen Sie bitte die Störung." „Sie stören nicht. Wie geht es Ihnen? Wie geht es Emma?", möchte die Ärztin wissen. „Mir geht es den Umständen entsprechend ok, aber Emma… ihr geht es gar nicht gut. Ich habe das Gefühl, dass es von Tag zu Tag schlechter wird. Sie will mit niemandem reden, sie will nicht richtig essen und sie weint den ganzen Tag. Manchmal sitzt sie stundenlang mit ihrem Kräuterbuch im Garten und macht einfach nichts weiter", erzählt die Mutter voller Sorge. „Das klingt aber gar nicht gut", stimmt die Ärztin zu. „Haben Sie eine Idee, wie ich helfen kann?", fragt die Ärztin nach. „Ich habe vielleicht eine, ich weiß aber nicht, ob das möglich ist", antwortet die Mutter. „Erzählen Sie, ich schaue, was ich machen kann", bietet die Ärztin ihr an. Die Mutter zögert kurz, dann sagt sie: „Da gibt es doch den älteren Herrn, mit dem sich Emma angefreundet hat. Alois heißt er."

„Ja, das stimmt", bestätigt die Ärztin. „Jedenfalls dachte ich, dass Sie ihn vielleicht kontaktieren könnten, um ihm von Emma zu erzählen. Vielleicht würde es ihr helfen… und Alois eventuell auch?!", sagt die Mutter zögernd. Die Ärztin überlegt: „Ich glaube, das ist vielleicht wirklich keine schlechte Idee. Die beiden haben sind in der gleichen Situation und können sich vielleicht helfen", bestätigt die Ärztin. „Würden Sie das für Emma tun?", fragt die Mutter vorsichtig nach. „Ja, natürlich. Ich werde es probieren", antwortet die Ärztin. „Ich bin Ihnen unendlich dankbar, Frau Doktor Wegemann!"

„Schon in Ordnung, ich helfe gerne, wenn ich kann!" Die Ärztin und die Mutter sprechen ab, dass Frau Doktor Wegemann Alois anruft, um ihm von Emma zu erzählen. Die Mutter bittet die

Ärztin, dass Sie ihre Telefonnummer weitergibt, in der Hoffnung, dass Alois sich meldet. In der Tat meldet sich Alois keine 15 Minuten später.

„Neuberger, hallo!"
„Guten Tag, Frau Neuberger, hier spricht Alois Wiesnhuber."
„Herr Wiesnhuber, schön, dass Sie sich melden", freut sich Emmas Mutter. „Gerne, aber bitte nennen Sie mich ruhig Alois", sagt Alois freundlich. „Das ist nett von Ihnen, ich heiße Johanna", sagt die Mutter. „Angenehm", antwortet Alois. Die Mutter erzählt Alois noch einmal kurz, was die Ärztin ihm schon berichtet hat. Gemeinsam überlegen sie sich einen Plan, wie sie Emma helfen können. Diesen wollen sie in drei Tagen umsetzen.

„Emma, ziehst du dich bitte für die Beerdigung an", bittet die Mutter Emma. Zögerlich geht Emma in ihr Zimmer, stellt sich vor ihr Bett und schaut auf ihre Kleidung, die ihre Mutter ihr herausgelegt hat. Sie beginnt wieder zu weinen. Heute soll also der Tag sein, an dem ihre geliebte Oma beerdigt wird. Emma gehen die letzten Stunden mit ihrer Oma durch den Kopf. Wie sie sich zusammen Geschichten erzählt haben, wie sie zusammen geweint haben und dann der Abschied. Der Abschied der endgültig war. *„Endgültig wegen dem bösen Bauchkrebs"*, denkt Emma wütend. Sie ist so in ihren Gedanken vertieft, dass sie gar nicht bemerkt, wie es an der Tür klingelt. Erst das Klopfen an ihrer Tür lässt sie hochschrecken. Als sie nicht antwortet, ertönt eine für Emma vertraute Stimme: „Emma, bist du da drin? Hier ist Alois", sagt Alois vorsichtig. Emma reißt ihre Augen auf, rennt zur Tür, öffnet diese und fällt Alois in die Arme. „Alois… was machst du denn hier???", fragt Emma ganz überrascht. Alois streichelt Emma über den Kopf: „Na, es ist immer gut, einen Freund an seiner Seite zu haben, besonders wenn der Freund ihm helfen kann.

93

Vielleicht darf ich dein Freund sein, der dir hilft?!“, fragt Alois nach. Emma nickt: „Du darfst mein Freund sein. Du bist mein allerbester großer Freund, den ich habe.“ Emma beginnt zu weinen. „Und du bist meine allerbeste kleine Freundin, die ich habe“, sagt Alois liebevoll. „Außerdem musste ich dich doch wiedersehen. Du hast mir doch angeboten, dass ich auf deiner Schaukel schaukeln und auf deiner Rutsche rutschen darf“, versucht Alois Emma aufzumuntern. Jetzt muss Emma lachen: „Ja, das habe ich“, antwortet sie. Alois schaut Emma an: „Bist du schon fertig oder musst du dich noch umziehen?“, fragt er leise. „Ich muss mich noch umziehen“, antwortet Emma wieder traurig. „Was hältst du davon, wenn du dich jetzt umziehst und ich dich zur Trauerfeier begleite?“ Emma schaut überrascht: „Kommst du wirklich mit?“, möchte sie wissen. „Na klar, wir sind doch Freunde und Freunde sind immer füreinander da“, antwortet Alois. Emma lächelt, geht in ihr Zimmer und zieht sich um. Anschließend fährt sie

94

mit Alois und ihren Eltern zur kleinen Kapelle, wo die Trauerfeier stattfindet.

Es ist die erste Trauerfeier, die Emma erlebt. Unsicher geht sie in die kleine Kapelle. An ihrer linken Hand hält sie ihre Mutter, an ihrer rechten Hand Alois. In der Kapelle sieht sie einen großen Altar, wie sie ihn aus der Kirche kennt. Vor dem Altar steht ein Tisch mit einem Gefäß, welches sie noch nie zuvor gesehen hat. Gerne würde sie wissen, was das ist, sie traut sich jedoch nicht zu fragen. Emma, Alois und Emmas Eltern setzen sich in die erste Reihe. Emma schaut auf die beiden Kränze, mit ihren schönen Schleifen. Sie dreht sich zurück. Immer noch kommen Menschen in die kleine Kapelle. „Was sind das alles für Menschen?“, möchte Emma wissen. „Das sind alles Menschen, die Oma kannten“, antwortet die Mutter. „Das sind aber viele“, sagt Emma beeindruckt. Die Mutter lächelt. Emma zögert, dann traut sie sich doch zu fragen: „Mama, was ist das für ein Gefäß auf dem Tisch?“ Emmas Mutter schaut ihre Tochter an: „Das ist eine Urne Emma." Die Mutter zögert. „Und was ist in der Urne drin?", möchte Emma wissen. Die Mutter schluckt: „Da ist Oma drin", antwortet sie leise. „Oma???", fragt Emma erstaunt, „Wie passt Oma denn da rein???"

„Das erkläre ich dir nach der Trauerfeier, Kleines", antwortet die Mutter leise.

Die Trauerfeier beginnt.

Der Friedwald

Vier Wochen später sitzen Emma und ihre Mutter im Friedwald vor dem Baum, unter welchem Emmas Oma beerdigt wurde. „Irgendwie komisch, dass Oma jetzt hier unter dem Baum liegt", sagt Emma leise. Die Mutter nickt. „Glaubst du, Oma geht es jetzt besser?", fragt Emma vorsichtig. „Ich bin sicher, dass es ihr jetzt besser geht. Weißt du, sie hat jetzt keine Schmerzen mehr", versucht die Mutter zu erklären. „Aber ich kann mir immer noch nicht vorstellen, dass ein Mensch einfach so verbrannt wird, damit er in eine Urne passt", sagt Emma traurig. „Ich weiß, Emma, ich finde es auch eine komische Vorstellung", antwortet die Mutter. Die Mutter fängt an zu weinen. „Mama, warum weinst du denn? Du weinst doch sonst nicht." Die Mutter wischt sich über die Wangen: „Doch, Emma, ich weine auch sonst. Ich versuche es nur immer vor dir zu verstecken", sagt die Mutter traurig. „Aber

97

warum denn? Ich weine doch auch vor dir." Emma streichelt ihrer Mutter über den Arm. „Weißt du, Kleines, du bist so traurig die letzten Wochen, ich wollte einfach nicht, dass du noch trauriger bist oder dir Sorgen machst", antwortet die Mutter. Emma schaut auf den Baum, dann sagt sie: „Aber Mama, wenn du traurig bist und nicht weinst, dann ist es doch viel schlimmer. Außerdem war ich sehr wütend auf dich, weil du nicht traurig warst. Ich dachte immer, du willst, dass Oma stirbt." Die Mutter schüttelt den Kopf: „Nein, das wollte ich ganz bestimmt nicht. Aber ich konnte doch nichts dagegen tun. Ich habe versucht, es zu akzeptieren. Dennoch tat es sehr weh… und es tut auch immer noch sehr weh", sagt die Mutter leise. „Mir tut es auch noch sehr weh", versucht Emma ihre Mutter zu trösten. Nach einem kurzen Zögern schaut Emma ihre Mutter an: „Glaubst du eigentlich, Oma ist jetzt wieder bei all den Menschen, die sie gerne wiedersehen wollte", fragt Emma. „Ich weiß es nicht, Kleines, aber ich möchte es einfach glauben. Es ist eine schöne Vorstellung, dass Oma jetzt nicht alleine ist." Emma nickt. „Vielleicht schaut Oma uns jetzt ja auch zu?!", sagt Emma und guckt nach oben in den Himmel. „Ja, vielleicht", stimmt die Mutter zu und schaut ebenfalls nach oben. „Ich vermisse Oma sehr", sagt die Mutter leise. „Ich auch, Mama, ich auch. Aber weißt du, solange wir an Oma denken, lebt sie immer in unserem Herzen weiter, sagt Alois." Die Mutter nickt: „Das werde ich ganz bestimmt tun, mein Kleines", sagt die Mutter. „Ich werde auch immer an sie denken", antwortet Emma. Emma schaut wieder auf den Baum. „Mama, warum wurde Oma eigentlich hier beerdigt und nicht auf dem Friedhof, wo alle anderen Menschen liegen?", fragt sie interessiert. „Weißt du, Emma, Oma mochte Friedhöfe nie besonders. Sie sagte immer, dass sie nicht so eingeengt zwischen all den Gräbern liegen möchte. Außerdem fand sie die verwahrlosten Gräber immer sehr schlimm. Sie

99

sagte, dass sie niemals so ein Grab haben möchte, zeitgleich wollte sie aber auch niemandem zur Last fallen. Das wichtigste aber war, dass sie den Wald und die Tiere so liebte. Sie sagte immer, im Wald fühle sie sich frei und geborgen zugleich." Emma nickt: „Ja, Oma hat immer von den Tieren im Wald erzählt", stimmt sie ihrer Mutter zu. Sie überlegt: „Weißt du, was ich schön finde?", fragt sie ihre Mutter. Die Mutter schüttelt den Kopf: „Nein, was denn?"

„Ich finde es schön, dass Oma jetzt hier bei ihren Tieren ist. Bestimmt wohnen ein paar Vögel oder Eichhörnchen in Omas Baum. Oh, und vielleicht kommen auch noch Igel und Rehe vorbei?!" Emma lacht: „Gar nicht so schlecht von Oma, sich so einen tollen Platz auszusuchen, vor allem kann sie von hier aus schön die Sterne und den Mond im Dunkeln sehen." Die Mutter nickt: „Da hast du recht", stimmt sie Emma lächelnd zu. „Schön hier bei dir, Oma", seufzt Emma.

Gemeinsam sitzen sie noch lange still im Friedwald und schauen in die Natur, welche die Oma so geliebt hat.

Über den Autor und weitere Mitwirkende

Daniela Landsberg, geboren am 29.02.1980 in Mainz studierte Biologie und Deutsch auf Lehramt sowie Psychologie. Ihre erste Kurzgeschichte entstand während des Lehramtsstudiums, als sie ihrer Dozentin zeigen wollte, dass Weihnachten eben nicht immer nur „Heile Welt" und „große Familie" bedeutet. Bereits beim Schreiben der Kurzgeschichte stellte sie fest, dass ihr das Schreiben große Freude bereitete, und so entschloss sie, einfach weiterzuschreiben. Wenn sie nicht gerade schreibt, beschäftigt sie sich gerne mit ihren Katzen, versucht sich, das Klavierspielen beizubringen und ihre Schokoladen-sucht in den Griff zu bekommen. Als ehemalige Turniertänzerin sieht man ihr die Sucht allerdings nicht an. Daniela ist ein absoluter Nachtmensch und sie genießt als Asperger Autistin die Ruhe sehr, wenn alle anderen Lebewesen schlafen.

Dr. med. Rolf Peter Hampel-Landsberg

Dr. med. Rolf Peter Hampel-Landsberg, geboren am 01.05.1962 in Frankfurt am Main ist Facharzt für Herz- und Thoraxchirurgie. Dass er jemals ein Kinderbuch illustriert, hätte er nicht gedacht. Nachdem jedoch das Manuskript seiner Frau seit Jahren fertig war und sich niemand für die Illustrationen finden ließ, überzeugte sie ihn, einfach mal mit einer Zeichnung anzufangen. Was er anfangs nur für eine lustige Idee hielt, wurde schnell Realität. Er merkte, dass ihm das Zeichnen und Malen große Freude bereitete und sogar einen Ausgleich zum hektischen Berufsleben darstellte. So entstanden aus anfangs einer Zeichnung innerhalb kürzester Zeit alle zehn Zeichnungen für das Kinderbuch. Nachdem Unmengen an Mal- und Zeichenutensilien angeschafft wurden und sich die Freude am Malen entwickelt hat, haben er und seine Frau entschieden, dass er auch zukünftig die (Kinder)Bücher seiner Frau illustriert. Neben dem neugewonnenen Hobby sind weitere Hobbys von ihm und seiner Frau Motorradfahren, Tanzen, Klavierspielen, Gesellschaftsspiele spielen sowie Fußball und Formel 1 schauen.